자신감

최지희 글 | 이유철 그림

머리말

"하고 싶지만 부끄러워서 안 할래."
"잘못해서 망치면 어쩌지?"

여러분도 이런 생각을 해본 적 있나요? 이런 생각은 자신감이 없어서 생긴 생각이에요.

자신감은 우리가 공부를 하고, 운동을 하고, 친구를 사귀는 데에도 필요하지요. 그리고 무엇보다 우리의 꿈을 이루는 데 꼭 필요한 것이 바로 자신감입니다.

자신감은 마음을 즐겁게 하고 불가능한 일도 가능하게 만드는 특별한 힘이에요.

이순신 장군은 단 13척의 판옥선으로 133척의 적군의 배를 물리쳤어요.

박지성 선수는 작은 키에 평발이라는 신체의 약점을 극복

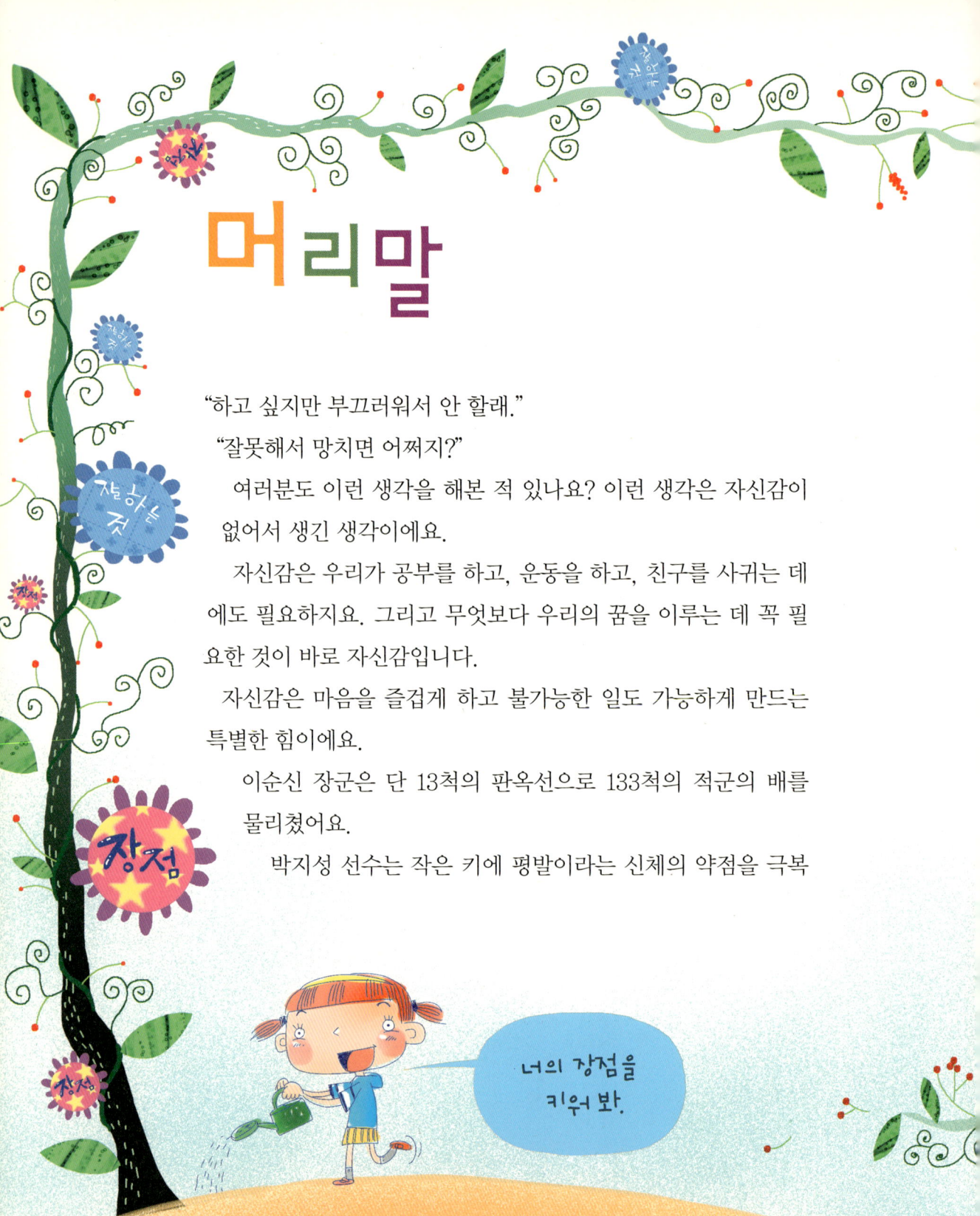

　하고 국가대표 축구선수가 되었지요.
　이 모두 자신감이 있었기 때문에 가능했던 거예요.
　우리 마음속에는 자신감이라는 작은 씨앗이 있습니다.
　농부가 맛있는 열매를 수확하기 위해서 씨앗을 심고, 물을 주고, 햇빛을 쬐여주고, 퇴비를 주며 정성껏 가꾸듯이 자신감도 똑같답니다. 끊임없이 자신감을 키우려고 노력할 때 자신감은 커다란 나무로 무럭무럭 자라서 달콤한 열매를 맺게 해준답니다.
　그렇다면 자신감을 키우려면 어떻게 해야 할까요?
　쉿! 지금부터 이 책에 등장하는 친구들이 그 비결을 하나씩 알려줄 거예요.
　자, 그럼 자신감을 찾아서 함께 떠나보자고요!

최지희

CONTENTS

제1장 >> 마음의 자신감 키우기

001 믿음 _ 나는 할 수 있다 · 10 | **002** 겸손 _ 자만심과 자신감의 차이 · 14 | **003** 단점 _ 콤플렉스의 재발견 · 18 | **004** 긍정 _ 긍정적인 결과를 상상하라 · 22 | **005** 극복 _ 내 마음의 장애 · 26 | **006** 정서 안정 _ 집중의 힘 · 30 | **007** 고난 _ 성공의 3가지 조건 · 34 | **008** 성취감 _ 내 힘으로 해낸 일을 잊지 말자 · 38 | **009** 걱정 _ 쓸모 없는 걱정 · 42 | **010** 용기 _ 잘못을 인정할 줄 아는 용기 · 46 | 인물탐구 _ 오페라 가수 폴 포츠〉 왕따 소년, 자신감으로 세계를 감동시키다 · 50

차례

제2장 >> 행동의 자신감 키우기

011 능동 _ 적극적으로 행동하기 · 54 | 012 책임감 _ 리더가 되어 보자 · 58 | 013 시도 _ 한번 해보는 거야 · 62 | 014 집념 _ 하늘은 스스로 돕는 자를 돕는다 · 66 | 015 고정관념 _ 과거의 실패는 잊어라 · 70 | 016 봉사 _ 내 마음에 사랑의 물 주기 · 74 | 017 최선 _ 세상에 하찮은 일이란 없다 · 78 | 018 실천 _ 나에게 맞는 방법을 찾아라 · 82 | 019 습관 _ 아침형 어린이가 되자 · 86 | 020 인내 _ 준비하는 자에게 기회는 온다 · 90 | 인물탐구 _ 축구선수 박지성〉 포기하지 않으면 승리한다 · 94

C O N T E N T S

제3장 >> 상대와의 자신감 키우기

021 발표 _ 무대공포증 없애기 · 98 | **022** 장점 찾기 _ 나는 왜 잘하는 게 없을까? · 102 |
023 자기 소개 _ 자기 소개를 잘하는 아이 · 106 | **024** 친구 _ 친구를 사귀고 싶니? · 110 |
025 표현하기 _ 내 마음을 당당하게 말하자 · 114 | **026** 격려 _ 말 한마디의 힘 · 118 |
027 사고의 전환 _ 누구에게나 배울 점이 있다 · 122 | **028** 친절 _ 남을 배려하는 마음 · 126 | **029** 협동 _ 함께하면 쉽다 · 130 |
인물탐구 _ MC 강호동〉 나만의 개성으로 최고가 되다 · 134

차례

제4장 >> 미래의 자신감 키우기

030 희망 _ 사막을 건너는 지혜 · 138 | **031** 성공 _ 행운은 만들어가는 것 · 142 | **032** 재능 _ 한쪽 문이 닫히면 다른 쪽 문이 열린다 · 146 | **033** 시간 관리 _ 하루 10분 더 투자하라 · 150 | **034** 열정 _ 불가능, 그것은 아무것도 아니다 · 154 | **035** 호기심 _ 엉뚱한 상상력에 날개를 달자 · 158 | **036** 도전 _ 도전을 즐겨라 · 162 | **037** 꿈의 씨앗 _ 꿈과 목표의 차이 · 166 | 인물탐구 _ 피겨스케이팅 선수 김연아〉 끝없는 자기와의 싸움 · 170

#1
마음의 자신감 키우기

001 믿음 _ 나는 할 수 있다
002 겸손 _ 자만심과 자신감의 차이
003 단점 _ 콤플렉스의 재발견
004 긍정 _ 긍정적인 결과를 상상하라
005 극복 _ 내 마음의 장애
006 정서 안정 _ 집중의 힘
007 고난 _ 성공의 3가지 조건
008 성취감 _ 내 힘으로 해낸 일을 잊지 말자
009 걱정 _ 쓸모 없는 걱정
010 용기 _ 잘못을 인정할 줄 아는 용기
인물탐구 _ 〈오페라 가수 폴 포츠〉 왕따 소년, 자신감으로 세계를 감동시키다

001

믿음

나는 할 수 있다

처음에는 외운 영어 단어도 금방 잊어버리고 성적도 잘 오르지 않았지만 그때마다 수진이는 자신은 해낼 수 있을 거라 믿으며 더욱 열심히 공부했어요.

수진이와 경희는 미국 아이비리그 진학이 목표예요. 두 사람은 방과 후 활동으로 영어반에 들었는데, 그곳에는 외국에서 살다 왔거나 해외 연수 경험이 있는 아이들이 많았어요. 유창하게 영어로 대화하는 친구들을 보며 경희는 수진이에게 속삭였어요.

"얘들은 대단하다. 영어를 잘할 수밖에 없잖아. 우리하고는 수준이 달라."

그러자 수진이는 큰소리로 말했어요.

"유학이 대수야? 쟤들도 처음부터 잘하지는 않았을 거야. 열심히 노력하면 우리도 잘할 수 있어."

수진이는 자신했지만, 경희는 무리라며 고개를 가로저었어요.

"외국인과 만날 수 있는 장소를 찾아가 직접 대화를 하는 거야."

수진이는 스스로 할 수 있는 영어 공부법을 알아보고 실천에 옮겼어요.

처음에는 외운 영어 단어도 금방 잊어버리고 성적도 잘 오르지 않았지만 그때마다 수진이는 자신은 해낼 수 있을 거라 믿으며 더욱 열심히 공부했어요. 그러자 차츰 성적도 오르고, 영어반 친구들과도 막힘없이 술술 영어로 대화할 수 있었어요.

반면, 경희는 여전히 수업 시간에 꿀먹은 벙어리였어요.

몇 년 후 고등학생이 된 수진이는 당당히 아이비리그에 합격했어요. 수진이가 꿈을 이루는 데 필요한 것은 해외 연수가 아니라, 할 수 있다는 자신감이었어요.

나는 할 수 있다

자신감은 믿음에서 시작돼요.
우리가 시험을 보고, 노래를 부르고, 친구들을 사귈 때도 '나는 할 수 있다.'는 자신감이 필요해요. '나는 못해.'라고 포기하는 친구들은 괜히 주눅이 들어 잘할 수 있는 일도 못하게 되지만, '나는 할 수 있다.'고 믿는 친구들은 의욕과 집중력이 높아 빠른 시간 내에 실력을 쌓게 되지요. 내 자신이 나를 믿을 때, 놀라운 결과물을 만들어 냅니다.

① 아침마다 거울을 보고 '나는 할 수 있다!'라고 외치기

아침에 기분이 좋으면 학교 가는 발걸음도 힘차고 하루 종일 일도 잘 풀릴 것 같아요. 하지만 기분이 좋지 않으면 하루 종일 일이 꼬이는 것만 같죠. 학교 가기 전, 거울을 보며 자신 있는 표정으로 '난 할 수 있다!'라고 외쳐 보세요. 자신감 넘치는 하루가 될 거예요.

② 자기 최면 걸기

공부를 하다보면 암기가 되지 않을 때가 있어요. 그럴 때마다 '나는 기억할 수 있다.'고 스스로에게 말하세요. 스스로를 격려하는 것만으로도 뇌세포의 활동이 활발해져 기억력을 향상시켜 줍니다.

③ 나를 사랑하자

사랑의 감정은 우리 몸에 행복의 기운을 주지요. 매일 자신에게 나는 소중한 사람이라고 말해 주세요. 스스로를 사랑할 줄 아는 사람이 다른 사람도 사랑할 수 있답니다. 단점과 장점을 모두 사랑할 때 나에 대한 믿음도 생기지요.

④ 할 수 있는 일과 할 수 없는 일

무언가를 잘하지 못한다고 해서 움츠러들 필요는 없어요. 포기하는 게 나쁜 거지 못하는 건 흠이 아니니까요. 이것 말고 내가 잘하는 건 따로 있다고 편하게 생각해요.

겸손
자만심과 자신감의 차이

'우리도 할 수 있다.'는 자신감을 갖고 이를 악물고 열심히 연습했어요.

오늘은 어린이축구대회가 열리는 날.

경기 대진표를 보고 에이스축구부 주장인 철수는 마음이 가벼웠어요. 에이스축구부는 작년에 우승을 한 강한팀인 반면 8강에 붙을 상대팀은 작년 꼴찌팀이었거든요.

"뭐야, 꼴찌팀과 붙다니. 식은 죽 먹기잖아? 눈 감고도 이기겠다."

자만심에 빠진 철수와 팀원들은 훈련도 안 하고 빈둥빈둥 놀았어요. 많은 사람들이 에이스축구부의 우승을 확신하자 우쭐해진 철수는 빵까지 배불리 먹고 시합에 나갔어요.

그런데 막상 경기가 시작되자 꼴찌팀은 생각보다 강했어요. 게다가 에이스축구부 주전 선수들의 전력을 다 꿰뚫고 있었어요. 반면 꼴찌팀이라고 무시하고 아무런 준비도 하지 않았던 에이스축구부는 꼴찌팀의 실력에 당황한 나머지 우왕좌왕할 뿐이었어요. 그때 꼴찌팀이 골을 터뜨렸어요.

"골! 골입니다~. 작년 꼴찌팀이 먼저 골을 넣었습니다!"

철수는 깜짝 놀라 급히 뛰었어요. 그런데 갑자기 배가 아파 앞으로 고꾸라지고 말았어요. 아까 먹은 빵이 탈을 일으킨 거예요. 결국 철수는 들것에 실려 나갔고, 에이스축구부는 8강에서 탈락하고 말았어요.

반면 상대팀은 작년에 꼴찌를 했지만 '우리도 할 수 있다.'는 자신감을 갖고 이를 악물고 열심히 연습했어요. 자신감과 노력으로 꼴찌팀에서 벗어날 수 있게 되었지요.

에이스축구부의 자만심과 꼴찌팀의 자신감이 이런 큰 결과를 가져오게 된 거예요.

눈 감고도 이길 수 있어!

우리는 최고라고!

벌써 갔다.

자만심

으쓱

거만

쌔~앵

자만심과 자신감의 차이

자만심? 자신감? 헷갈리는 단어이지만 뜻은 분명히 다르답니다. 자만심에 빠진 사람은 자신의 능력을 과신해 조금만 노력하면 성공할 수 있다고 믿지만, 자신감이 있는 사람은 최선을 다하면 무엇이든 해낼 수 있다고 믿고 열심히 노력해요.
토끼와 거북이의 달리기 경주에서 토끼는 자신의 빠른 두 다리만 믿고 자만심에 빠져 여유를 부리며 잠까지 자고, 거북이는 비록 느리지만 쉬지 않고 기어가 우승을 하게 되지요.
자신감을 갖고 최선을 다하는 자가 바로 최후의 승리자이지요.

① 잘나갈수록 겸손하기

조선시대 왕 정조는 활쏘기를 잘했어요. 정조는 항상 50발을 쏘았는데, 매번 49발은 명중이 되고 마지막 50번째 화살은 과녁을 벗어나 소나무에 꽂히는 거예요. 마지막 1발이 빗나갈 때마다 신하들은 무척이나 아쉬워했어요.
하지만 이는 정조가 최고에 도달하려는 욕망을 절제하고 자만심에 빠지지 않기 위해 일부러 그랬다고 해요. 스스로 완벽하지 않음을 기억하고, 노력하는 자세를 잃지 않기 위해서였죠.

② 자신의 능력을 제대로 파악하자

자만심은 자신의 능력을 제대로 알지 못하고 교만하게 만들어요. 자만심에 빠진 사람은 헛된 욕심과 나태에 빠져 판단력을 잃고 인생의 실패자가 되고 말죠. 내가 현재 어느 정도까지 할 수 있는지, 나의 능력을 정확하게 알아야 목표도 세우고 효과적인 실천이 가능해져요.

③ 패배를 긍정적으로 인정하자

'패배를 해보지 않은 사람은 결코 아무것도 할 수 없다.'는 말이 있어요. 남들과의 경쟁에서 졌을 때 기분이 상하는 것은 한순간이랍니다. 오히려 '내가 이래서 졌구나, 이게 부족했구나.' 하고 자신에 대해 제대로 알 수 있는 좋은 기회예요. 전기를 발명한 에디슨도 1만 번의 실패를 1만 개의 방법이라고 긍정적으로 받아들였기 때문에 1천 가지도 넘는 발명품을 만들어낼 수 있었던 거예요.

003

단점
콤플렉스의 재발견

"숨기고 싶었던 목소리가 나를 돋보이게 하다니……."
수빈이는 용기를 내 수업 시간에 발표도 하고 친구들과 즐겁게 어울렸어요.

초등학교 5학년인 수빈이는 출석을 부를 때와 발표 시간을 제일 싫어해요.
"야, 리틀 박경림이다! 하하하!"
짓궂은 친구들이 수빈이의 목소리를 연예인 박경림에 빗대어 놀려대기 때문이에요.
'다른 친구들의 목소리는 가냘프고 예쁜데 왜 나만 굵고 쉰 목소리가 나는 걸까?'
그럴수록 수빈이는 자꾸 우울해지고 모든 일에 자신이 없어졌어요.
그러던 어느 날, 6학년 선배가 수빈이를 찾아왔어요. 학교 축제 때 쓸 홍보 UCC를 만들 건데 수빈이한테 주인공으로 출연해 달라는 거예요.
수빈이는 자신의 목소리 때문에 웃음거리가 될 거라며 거절했어요.
그러자 선배가 고개를 저으며 말했어요.
"그 목소리 때문에 찾아왔는걸? 네가 우리 학교의 리틀 박경

림이니까 얼마나 좋으니? 네 목소리는 한번 들으면 잊혀지지 않아서 우리 학교 홍보에는 딱이야."

UCC 제작은 성공적이었어요. '박경림이 초등학교로 간 까닭은?' 이란 제목의 영상에 선생님들도, 친구들도 즐거워하며 수빈이에게 호감을 보이는 거예요.

"숨기고 싶었던 목소리가 나를 돋보이게 하다니……."

수빈이는 용기를 내 수업 시간에 발표도 하고 친구들과 즐겁게 어울렸어요. 수빈이가 당당하게 나서자 놀리는 아이들도 점차 줄어들고, 수빈이는 어느새 교내 인기 학생이 되었답니다.

콤플렉스의 재발견

난 왜 이렇게 키가 작을까? 내 얼굴은 왜 이렇게 못생겼지?

다른 사람들을 부러워만 하는 사람은 자신을 못났다고 생각해요. 스스로를 초라하게 여기면 주변 사람들도 그렇게 본답니다. 남과 비교하지 말고 자신을 있는 그대로 받아들이는 게 중요해요. 지금의 콤플렉스가 내일은 나만의 매력이 될 수 있어요.

① 바꿀 수 없는 것을 인정하고 사랑하기

가수 박진영은 얼굴이 못생겼다는 이유로 음반회사에서 수십 번 퇴짜를 맞았어요. 하지만 이에 아랑곳하지 않고 더욱 노력해서 당당하게 가수가 되었어요. 결국 못생긴 얼굴은 개성있는 얼굴이 됐고, 자신의 외모를 능가하는 멋진 음악으로 성공할 수 있었지요.

얼굴이나 키처럼 타고난 모습은 바꾸기 어려워요. 하지만 그런 모습을 불평하기보다는 지금의 내 모습을 인정하고 사랑하는 게 중요합니다.

② 단점이 없는 사람은 없다

세상에 완벽한 사람은 없다는 걸 기억하세요. 천재들은 공부는 잘하지만 몸이 허약하거나 주변에 친한 친구가 없을 수도 있고, 수학은 잘해도 음악에는 소질이 없을 수도 있습니다. 분명 잘하는 게 있으면 못하는 것도 있습니다. 자신이 잘하는 것을 찾아내 실력을 키우다보면 단점은 사라지고 장점만이 반짝반짝 빛나게 될 거예요.

③ 도움을 요청하자

혼자서 자신의 콤플렉스를 극복하지 못할 때에는 도움의 손길을 내밀어 보세요. 만약 너무 뚱뚱해서 고민이라면 부모님께 도움을 요청해서 다이어트를 시도해 보세요. 다이어트에 성공한다면 몸도 건강해지고 마음까지 건강해지겠지요?

004
긍정
긍정적인 결과를 상상하라

조는 긍정적인 결과를 상상했어요. 놀랍게도 그의 표정은 밝아졌고 자신감을 갖고 차에 대해 설명하기 시작했어요. 마침내 구경만 하겠다던 손님에게 차를 팔았답니다.

조는 항상 실패만 하는 남자였어요. 여러 사업을 해봤지만 모두 실패하고 오히려 빚만 눈덩이처럼 불어났어요. 천신만고 끝에 주위 사람들의 도움으로 자동차 세일즈맨으로 나섰지만 그것도 신통치 않았어요.

"도대체 되는 일이 하나도 없구나. 난 왜 이렇지?"

조가 절망에 빠져 있을 때 영업소장이 다가와 그를 격려했어요.

"이봐, 차를 팔 때는 손님이 차를 사는 장면을 떠올려봐. 그리고 집에서 당신을 기다리고 있는 아이들과 아내의 얼굴도 함께 떠올려야 해. 한 대라도 좋으니 반드시 팔아야겠다는 강한 의지를 마음속에 만들게."

어느 날 영업소 문을 닫을 즈음 손님 한 명이 들어왔어

요. 손님은 그냥 구경만 하겠다고 했어요.

　조는 영업소장의 조언대로 긍적적인 결과를 상상했어요. 더불어 자신이 자동차 판매왕으로 성공하는 모습도 함께 그렸지요. 놀랍게도 그의 표정은 밝아졌고, 자신감을 갖고 차에 대해 설명하기 시작했어요. 마침내 구경만 하겠다던 손님에게 차를 팔았답니다.

　그 후 그는 더욱 노력해 자동차 판매왕으로 기네스북에 올랐어요. 그리고 자동차 판매업계의 신화가 됐습니다. 긍정적인 결과를 상상하는 것만으로도 놀라운 힘이 생긴 거예요.

긍정적인 결과를 상상하라

'피그말리온 효과'라고 들어봤나요? 그리스에 피그말리온이라는 조각가가 살았어요. 그는 자기가 바라는 이상형을 조각해 아내처럼 아끼고 사랑했죠. 그리고 신에게 자신의 조각상을 사람으로 만들어 달라고 간절히 기도했어요. 마침내 조각상은 정말 사람이 되었다고 해요. 피그말리온처럼 무언가를 간절히 바라고 진짜 그렇게 될 거라고 믿으면 그 바람은 반드시 이루어진답니다.

자, 지금부터 피그말리온 효과를 믿어 보세요.

① 긍정의 글을 쓰자

내가 하고 싶은 일, 이루고 싶은 것을 글로 적어 보세요. 만약 그림을 잘 그리고 싶으면 '나는 그림을 잘 그릴 것이다.'가 아니라 자신의 이름을 넣어서 '나는 그림을 잘 그리는 ○○○이다.'라고 분명하게 쓰세요. 자신감은 자신에 대한 확신에서 나옵니다.

② 웃으면 복이 와

웃을 때 우리 뇌에서는 엔도르핀이라는 행복한 물질이 나와요. 속상하고 힘든 일이 있을수록 더 큰소리로 웃어 보세요. 웃는 게 어렵다면 입꼬리를 올리고 미소를 지어 보세요.

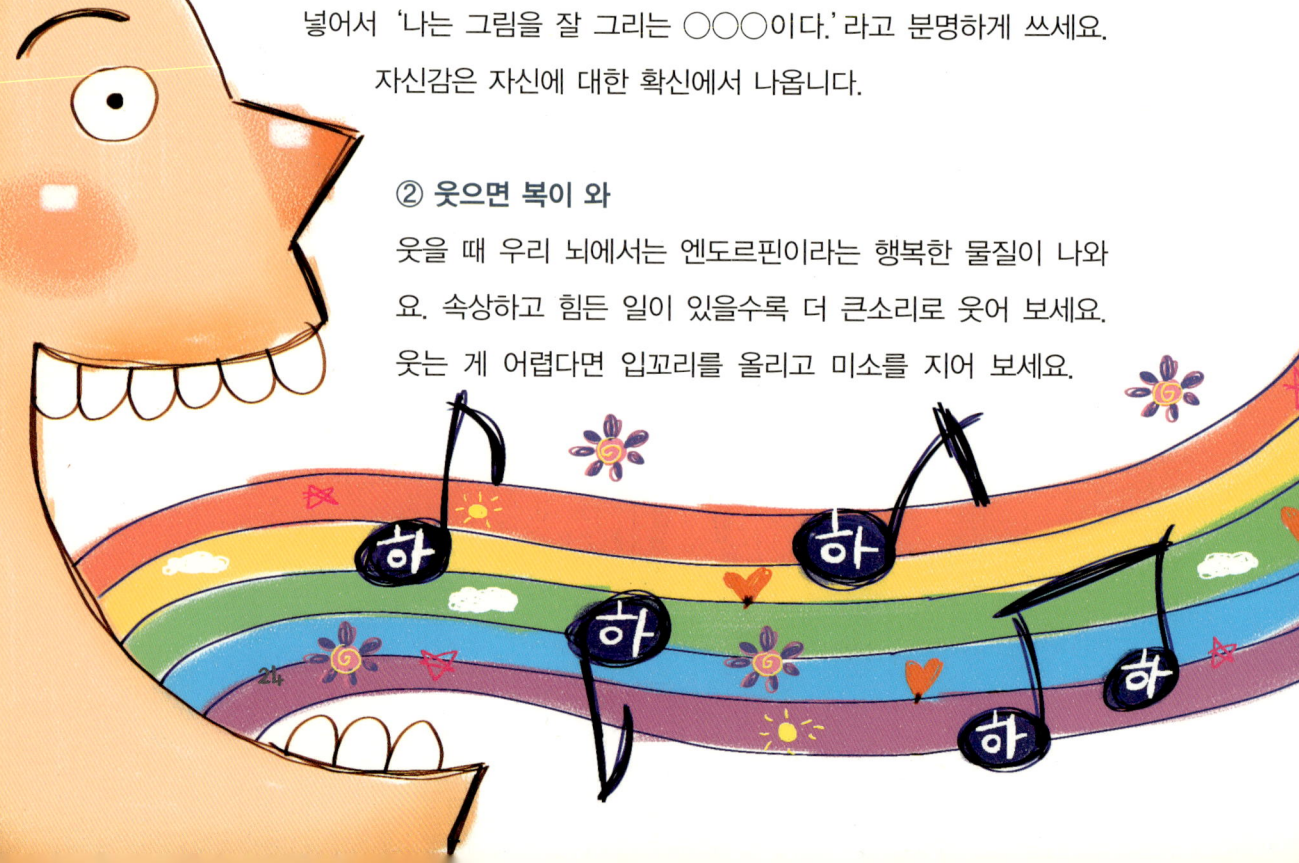

우리 뇌는 미소 짓는 시늉만으로도 웃을 때와 비슷한 생리작용을 해서 금세 기분을 좋게 하고, 힘이 솟게 한답니다.

③ **오늘 하루 긍정의 말만 해보는 거야**
혹시 '짜증나, 싫어.' 같은 부정적인 말을 많이 쓰지 않나요? 그렇다면, 이제부터 매일 실천할 수 있는 가장 좋은 말을 골라 써보는 거예요. 말이 씨가 된다는 속담도 있잖아요. '난 괜찮은 사람이야. 기분이 좋아. 잘 될 거야.'라는 긍정의 말은 말하는 사람은 물론 듣는 사람에게도 행복을 가져다줘요.

005

극복
내 마음의 장애

희아가 그동안 피아노를 칠 수 없었던 이유는 네 개의 손가락 때문이 아니라 '할 수 없다.'는 마음이 문제였던 거예요.

희아는 태어날 때부터 양손 합쳐 손가락이 네 개뿐이었어요. 두 다리도 3살 때 절단을 해야 했지요. 엄마는 장애를 가진 딸이 음악을 통해 행복을 느끼도록 피아노를 가르쳤지만 어린 희아는 몇 달째 '나비야 나비야'도 연주하지 못했어요.

풍부한 감성으로 화음을 넣고 88개의 건반을 빠른 속도로 연주해야 하는 피아노. 하지만 네 개의 손가락을 가진 희아에게는 불가능해 보였어요. 아무리 해도 안 되자 지친 희아는 피아노 연주를 포기하려 했어요.

"이게 다 내 손가락이 두 개씩밖에 없어서 안 되는 거야. 난 피아노를 칠 수 없어."

엄마는 피아노를 포기하려는 희아를 호되게 야단치셨어요.

손가락이 두 개씩밖에 없어서 안 되는 거야!

"그건 네 손가락이 아니라 네 마음이 잘못되었기 때문이야. 네 스스로 안 된다고 생각하니까 안 되는 거라고."

'정말 마음이 잘못돼서 그런 걸까?'

희아는 흐트러진 마음을 다잡고 다시 피아노 연습에 돌입했어요. 네 손가락은 퉁퉁 붓고 페달을 밟는 허벅지는 짓무르기 일쑤였지요. 그렇게 연습한지 6개월 만에 희아는 '나비야 나비야'를 양손으로 칠 수 있게 됐습니다.

희아가 그동안 피아노를 칠 수 없었던 이유는 네 개의 손가락 때문이 아니라 '할 수 없다.'는 마음이 문제였던 거예요. 이렇게 마음이 일으킨 기적은 희아를 세상에 단 한 명뿐인 네 손가락의 피아니스트로 만들었답니다.

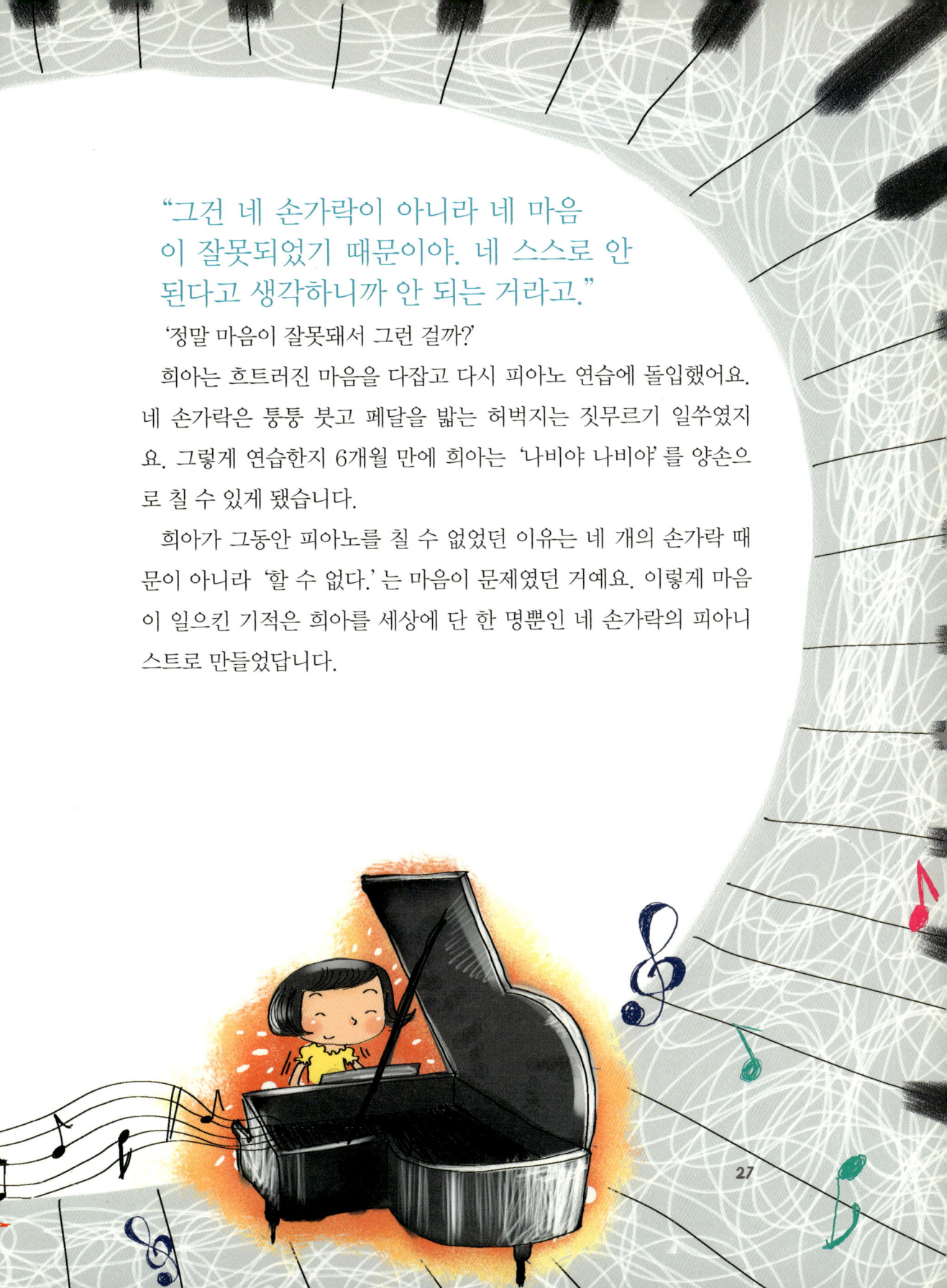

내 마음의 장애

고양이를 무서워하는 쥐가 있었어요. 쥐는 고양이가 되기를 바랐어요. 하지만 고양이가 돼서는 개가 되기를 바라고, 개가 돼서는 더 무서운 호랑이, 그 다음에는 사냥꾼이 되기를 바랐지요. 결국 쥐는 본래의 고양이를 무서워하는 쥐로 돌아가고 맙니다.

몸집이 커져도 여전히 쥐의 마음으로 살았기 때문이에요.
외모보다 중요한 것은 바로 마음입니다. 몸집은 작은 쥐와 같더라도 마음의 그릇이 큰 사람은 호랑이처럼, 사냥꾼처럼 살 수 있어요.

① 포기할 수 없는 이유를 찾자

힘들어서 주저앉고 싶을 때는 내가 지금 포기하면 안 되는 이유를 생각해 보세요. 이유를 찾는 것은 목표를 더욱 확고히 해주고, 내가 끝까지 해낼 수 있도록 용기를 불어넣어 준답니다.

② 나쁜 생각은 하지 않기

미국의 버니 시걸 의사는 부정적인 생각이 몸에 어떤 영향을 미치는지 실험을 했어요. 식탁에 앉을 때마다 뱃멀미하는 것을 상상하는 거예요. 그랬더니 실제로 귀에 염증이 생겨 머리가 어지러워지고 구토가 났어요. 반대로 말기암 환자가 '살 수 있다.'는 희망을 갖자 병세가 호전되는 일

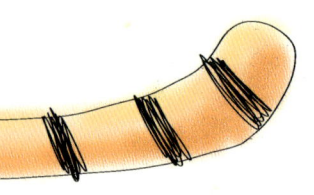

이 일어났어요. 이렇듯 마음은 몸을 지배한답니다. 내 몸에 병을 일으키는 나쁜 생각은 훌훌 털어버려요.

③ 즐거운 마음이 즐거움을 부른다

세계적인 부자 빌 게이츠는 하기 싫고 힘든 일이 닥쳤을 때 '재미있다, 재미있겠어.'라고 생각하며 일을 처리했다고 해요. 그러면 정말 힘든 일도 즐겁게 해낼 수 있었대요. 수학 문제를 어렵다고 생각하면 계속 어렵게만 느껴지듯이 무엇이든 '재미있겠다, 어렵지 않을 것 같아, 답은 있기 마련이지.'라고 생각해 봐요. 마음이 보이지 않는 벽을 만들어 우리를 가로막는 것이랍니다.

무엇이든지 '재미있겠다, 어렵지 않을 거야.'라고 생각해 봐요.

006

정서 안정
집중의 힘

현수는 무척 떨렸지만 연습하던 때를 생각하며 차분히 노래를 불렀어요. 그 후 자신의 변화를 느낀 현수는 자신감을 갖고 수업 시간에도 열심히 공부했답니다.

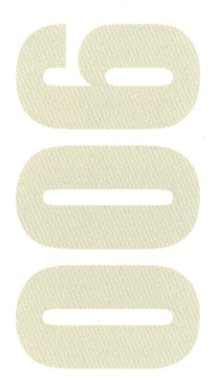

현수의 별명은 산만이예요. 단 1분도 가만히 있지 못하거든요. 밖에서 뛰어놀며 장난치는 걸 무척 좋아하는데 요즘은 방과 후 꼼짝없이 음악실로 가야 해요. 곧 열릴 학예대회에서 노래를 부르게 됐거든요.

며칠째 노래 가사를 외우는 현수는 가사를 외울 때마다 자꾸 딴 생각이 나고, 밖에 나가 놀고 싶은 마음에 가사가 잘 외워지지 않았어요. 그런 현수를 보고 음악 선생님께서는 왜 이렇게 산만하냐며 꾸중하셨어요.

현수는 잘 해내고 싶지만 집중이 안 된다며 고개를 숙였어요.

"현수야, 안 되는 건 되게 해야지. '난 집중력이 약해서 안 돼.' 라고만 하고 있으니 고쳐지지 않는 거야. 너도 바뀔 수 있어. 이번 대회를 기회로 삼아보렴."

선생님 말씀을 들은 현수는 한번 해보자고 다짐했어요. 쉽지 않았지만 놀고 싶을수록, 장난을 치고 싶을수록 더 큰소리로 노래를 부르고 소리를 지르며 견뎌냈어요.

드디어 학예대회날, 현수는 무척 떨렸지만 연습하던 때를 생각하며 차분히 노래를 불렀어요. 친구들은 무대에서 노래를 부르는 현수를 보고 깜짝 놀랐어요. 이토록 진지한 모습은 처음이었기 때문이에요. 현수의 노래가 끝나자 사람들은 박수를 보냈어요.

그 후 자신의 변화를 느낀 현수는 자신감을 갖고 수업 시간에도 열심히 공부했답니다. 이제 더 이상 현수가 산만이라고 불릴 일은 없을 거예요.

집중의 힘

'호랑이 굴에 들어가도 정신만 똑바로 차리면 된다.'는 속담이 있습니다. 위급한 상황에서도 정신만 차리면 무엇이든 해낼 수 있다는 뜻입니다. 정신 차리다 즉, 집중력이 얼마나 중요한지 말해 주고 있지요. 집중력은 마음이 불안할 때는 나타나지 않고 차분하게 안정된 상태일 때 최상의 상태를 보인다고 해요. 공부 잘하는 친구들을 살펴보세요. 그 친구들은 대부분 차분하고 안정된 심리상태를 유지합니다. 마음의 동요는 불안감을 주고 판단력을 흐리게 할 뿐이지요.

① 눈을 감고 푸른 숲을 생각하자

푸른색은 안정감을 주는 색 중 하나예요. 눈이 피로할 때 푸른색을 보는 것도 같은 이유이지요. 마음이 불안할 때에는 눈을 감고 바람에 살랑이는 푸른 숲이나 나무를 생각하세요. 금세 편안하고 차분해질 거예요.

② 좋은 취미를 갖자

집중력을 길러 주는 취미를 가져 보세요. 예를 들면 독서나 운동, 바둑 두기 등이 있어요. 시끄럽고 주변에 방해물이 있는 곳보다는 조용한 환경에서 실천하는 게 좋아요. 차분하고 안정된 상태에서 집중력은 더욱 높아지니까요.

③ 나만의 노트 정리를 하자

노트 정리를 잘하는 사람은 집중력이 좋고 꼼꼼한 성격을 가질 수 있어요. 쉽게 이해할 수 있도록 체계적으로 정리하는 것은 두뇌 회전에도 도움을 준답니다. 노트 정리가 익숙하지 않다면 처음에는 선생님 말씀을 다 받아쓰고, 집에 가서 그 노트로 복습을 하다보면 불필요한 말들이 눈에 보일 거예요. 그걸 다 빼고 중요한 내용에 별표나 눈에 띄는 색을 칠하면 나만의 노트 정리가 완성됩니다.

007

고난
성공의 3가지 조건

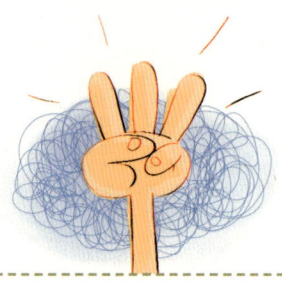

주어진 환경을 탓하기보다는 오히려 그것을 극복하려고 열심히 노력하다보니 성공하게 되었다고 합니다. 이렇게 고난을 받아들이는 태도에 따라 우리의 인생은 달라질 수 있습니다.

마쓰시다는 어려서부터 병약해 건강한 친구들을 부러워하며 지냈어요. 그러던 어느 날 아버지의 사업이 망하면서 초등학교 4학년 때 학교도 그만두어야 했어요.

그리고 11살이 되던 해, 부모님마저 돌아가시면서 어린 마쓰시다는 고아가 되었습니다. 사람들은 세상의 불행이란 불행은 다 가진 불쌍한 아이라며 안쓰러워했어요.

하지만 마쓰시다는 슬퍼하며 우는 대신 잔심부름꾼에서부터 자전거점포 점원, 전등회사 직공 등 주어진 분야에서 열심히 일하며 자신의 삶에 최선을 다했어요.

그 후 성인이 된 마쓰시다는 마쓰시다 전기회사를 차렸고 세계 36개국, 450여 개 계열사를 거느린 대재벌이 되었습니다. 훗날 그는 어떻게 성공했냐는 질문에 3가지 행운이 따랐기 때문이라고 답했어요.

"첫째는 가난입니다. 그래서 남보다 일찍 철이 들고, 세상 사는 법을 배웠습니다. 둘째는 제대로 배우지 못했습니다. 그래서 모든 것을 배움의 대상으로 알고 공부했습니다. 마지막으로 몸이 허약했습니다. 그래서 건강하기 위해 노력했습니다."

남들 눈에는 불행과 고난으로밖에 보이지 않는 것들을 그는 행운이라고 말했어요.

주어진 환경을 탓하기보다는 오히려 그것을 극복하려고 열심히 노력하다보니 성공하게 되었다고 합니다. 이렇게 고난을 받아들이는 태도에 따라 우리의 인생은 달라질 수 있습니다.

성공의 3가지 조건

'저런 집에서 살면 공부를 잘했을 텐데, 나도 외교관인 부모님을 만났다면 영어를 잘했을 텐데.'

불평은 우리를 성장시키지 못해요. 비록 내가 원하는 환경이 아니더라도 그걸 어떻게 바꾸느냐는 나의 선택에 달려 있어요.

먹을 게 풍부하고 따듯한 날씨를 가진 나라보다 추운 겨울이 있고 먹을 게 부족한 나라가 더 잘 사는 이유도 자신들이 처한 어려움을 극복하기 위해 부지런히 일하기 때문이에요.

주어진 환경을 성공으로 이끄느냐, 실패로 남느냐는 바로 자신에게 달려 있습니다.

① 감사일기 쓰기

감사는 하면 할수록 감사할 일을 더 많이 생기게 하는 힘을 갖고 있어요. 작은 것부터 감사하는 마음을 가져 보세요. 몸이 건강해서 감사합니다, 맛있는 음식을 주셔서 감사합니다, 아침에 일찍 일어나게 해주셔서 감사합니다 등 날마다 새로운 내용을 찾아 감사한 것들을 적어 보세요. 매일매일이 즐겁고 긍정적인 날이 된답니다.

② 어려운 환경을 극복한 위인들의 이야기를 들어봐

위대한 인물들은 대부분 어려운 환경에도 굴하지 않고 열심히 노력해서 성공했답니다. 그들의 이야기를 통해 지금 내가 처한 환경에 감사하고 자신감을 재충전해요.

③ '기분 좋다, 고맙다.'의 비밀

숨을 천천히 크게 들이마시고 내쉬면서 '아~, 좋다.', '고맙다.'라고 마음속으로 생각해 봐요. 무엇이 좋고 누구에게 고마운지는 몰라도 돼요. 매일 잠들기 전에, 아침에 눈을 뜰 때마다 '좋다, 고맙다.'라고 생각하면 긍정적인 자세가 길러진답니다.

성취감
내 힘으로 해낸 일을 잊지 말자

"이야~, 우리 윤호가 처음에는 걱정하더니 이렇게 잘 해냈구나. 앞으로 다른 일도 오늘처럼 잘 해낼 수 있겠지? 기대할게."

담임 선생님께서 '모형 비행기 만들기' 숙제를 내주셨어요. 그것도 다른 누구의 도움 없이 혼자 만들라고 하셨어요. 그런데 윤호는 벌써부터 걱정이에요.

"저번에도 탈을 이상하게 만들어서 형오가 비웃었는데……. 이건 또 어떻게 만들지?"

윤호는 문구점에서 모형 비행기 재료를 구입했어요. 설명서대로 댓살을 구부리고, 알루미늄관을 붙이고, 날개를 붙였어요.

모형 비행기가 완성되자 윤호는 얼른 마당에 나가 날려보았어요. 그런데 비행기는 제대로 날지 못하고 휘청휘청대더니 곧장 바닥으로 추락해 버렸어요.

윤호는 문제점을 찾기 위해 책과 인터넷을 통해 모형 비행기에 대해 공부했어요.

"그래. 여기 이 부분에서 날개축이 흔들리는구나. 대칭과 균형이 맞아야 해."

주말에도 윤호는 놀지 않고 여러 차례 수정작업을 하며 모형 비행기 만들기에 전념했어요.

 드디어 윤호의 모형 비행기는 꽤 먼 거리를 안정적으로 날아가게 되었어요.
 "이야~, 우리 윤호가 처음에는 걱정하더니 이렇게 잘 해냈구나. 앞으로 다른 일도 오늘처럼 잘 해낼 수 있겠지? 기대할게."
 선생님께서 윤호를 칭찬해 주셨어요. 옆에서 지켜보던 친구 형오도 윤호에게 엄지손가락을 추켜올렸어요. 윤호는 해냈다는 기쁨에 어깨가 으쓱거리고 할 수 있다는 자신감이 생겼어요.

내 힘으로 해낸 일을 잊지 말자

부모님이 모든 걸 다 해주시는 친구들은 학용품을 사러 문방구에 혼자 가는 것조차 두려워 혼자서는 아무것도 못하게 됩니다. 혼자서도 씩씩하게 잘 해낼 수 있다는 믿음, 작은 일이라도 내 힘으로 해냈다는 성취감을 맛본 사람은 그 기쁨을 다시 맛보기 위해 끊임없이 노력하기 때문에 언젠가는 큰일을 해낼 수 있어요.

① 나에게 선물을 하자

해야 할 일을 끝내면 스스로에게 잘했다는 의미로 선물을 주는 거예요. '수학 문제를 10개 풀면 컴퓨터 게임을 10분 동안 하자. 숙제를 다 하면 나에게 주는 선물로 만화책을 읽자.' 이런 식으로 스스로를 칭찬하는 습관을 들이면 자신과의 약속은 물론 해야 할 일을 즐겁게 해낼 수 있답니다.

참 잘했어요.

② 귀찮은 일을 먼저 처리해

잠들기 전에 귀찮아서 미루었던 일을 생각해 두세요. 그리고 날이 밝자마자 그 일을 먼저 해결하는 거예요. 한 가지 일을 끝냈다는 성취감이 하루를 기운 차고 밝게 시작하게 해줍니다.

③ 해냈다는 기쁨을 기록해

내가 무언가를 해냈다는 기쁨을 마음껏 누리세요. 결과물을 사진으로 찍어서 앨범이나 액자에 넣어 두거나, 해냈을 때 기분을 메모지에 적어서 벽에 붙여 보세요. 그러다보면 못하는 일보다 할 수 있는 일이 더 많아지는 걸 눈으로 확인할 수 있어요.

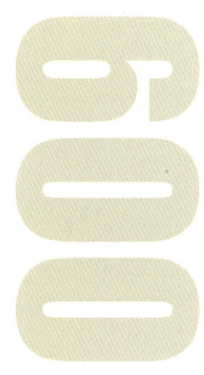

걱정
쓸모 없는 걱정

웅이는 걱정으로 괴로워할 줄은 알아도 걱정을 없앨 궁리는 못했던 거예요.
지나친 걱정은 우리의 자신감을 갉아먹는답니다.

용이가 같은 동네에 사는 웅이네 교실로 찾아왔어요. 그런데 웅이의 표정이 심상치 않아 보이네요. 무슨 안 좋은 일이라도 생긴 걸까요?

"선생님께서 숙제를 내주셨는데 너무 많아서 걱정이야. 이것을 언제 다 해? 난 아마 다 못하고 꾸중을 듣게 될 거야."

용이는 알림장에 적힌 숙제들을 보며 웅이가 안쓰러웠어요. 용이네 반은 숙제가 없는데 말이에요.

집으로 가는 길에 웅이는 걱정 때문에 머리까지 아프다며 인상을 찌푸렸어요.

"아직도 숙제 때문에 그래? 이미 주어진 거, 하다 보면 되겠지. 너무 걱정 마."

"그게 아니라 한 달 후에 운동회를 하잖아. 우리 반에서 가장행렬을 하자고 하면 어쩌지? 난 무얼 해야 할지 모르겠어."
웅이는 기가 막히다는 얼굴로 말했어요.
"야, 아직 어떻게 될지도 모를 일을 벌써부터 걱정한단 말이야? 그런 쓸데없는 걱정까지 하니까 머리가 아프지. 너는 지금 스스로 병을 만들고 있어."
다음 날 웅이는 숙제를 다 못한 벌로 화장실 청소를 해야 했어요. 집에 가서도 이런저런 걱정만 하면서 시간을 낭비한 거죠. 웅이는 걱정으로 괴로워할 줄은 알아도 걱정을 없앨 궁리는 못했던 거예요. 지나친 걱정은 우리의 자신감을 갉아먹는답니다.

쓸모 없는 걱정

이 세상에 걱정 없는 사람은 없습니다. 정도의 차이만 있을 뿐 누구나 걱정을 가지고 있지요. 걱정이 싫은 건 마음이 불편하고 괴롭기 때문이에요. 그러나 다르게 생각해 보면, 걱정을 하기 때문에 우리는 시험공부를 하고, 차조심을 하고, 닥쳐올 어려움에 대비할 수 있어요. 걱정도 잘만 이용하면 자신감을 키우는 데 큰 도움이 된답니다.

걱정 불안 두려움

① 걱정의 실체를 확인해 보자

우리는 아직 일어나지 않은 일이나 이미 일어난 일로 걱정을 할 때가 많아요. 하지만 그런 것들은 모두 쓸모 없는 걱정이랍니다.
아래 두 개의 질문에 해당되는 걱정이 있다면 그것은 나에게 도움이 되는 걱정이에요.

가) 해결 방법이 있다.
나) 정말 일어날 수 있는 일이다.

② 걱정거리는 휴지통에 버려

걱정거리를 종이에 적은 후 휴지통에 버려 보세요. 마음이 한결 편해지지 않나요? 또한 지금 내게 필요한 걱정인지 아닌지 판단하기 어렵다면, 걱정거리를 적은 종이를 상자에 넣어 두고 며칠 후 다시 꺼내 보면 쪽지에 적힌 고민이 새롭게 보일 거예요.

③ 해결방법 찾기

걱정 때문에 아무것도 할 수 없다면 그것은 필요한 걱정이 아니에요. 걱정하느라 밥을 못 먹고 잠도 못 잔다고 해서 문제가 해결되는 것은 아니니까요.

달리기를 못하는 것이 걱정이라면 운동시간을 늘리고 다리 힘을 길러야 해요. 영어회화 시간에 영어로 말하는 게 걱정이라면 영어 교과서를 외워서 연습하는 거예요. 걱정을 없애는 가장 좋은 방법은 걱정의 원인을 찾아 해결하는 거랍니다.

걱정을 날려 버려!

걱정을 없애는 가장 좋은 방법은 원인을 찾아 한방에 해결하는 거예요!

용기

잘못을 인정할 줄 아는 용기

잘못은 부끄러운 게 아니에요. 자신의 잘못을 변명하고 인정하지 않는 것이 부끄러운 거랍니다.

청소시간, 겸이와 한솔이가 대걸레를 들고 칼싸움이 한창이에요. 칼싸움이 재미있어 보였는지 다른 친구들도 가세해 교실은 한바탕 난리가 났어요.

흥이 난 한솔이가 대걸레를 크게 휘두르는 바람에 창가에 놓인 화분이 아래로 떨어져 깨지고 말았어요.

소식을 듣고 달려온 선생님께 한솔이는 발뺌을 했어요.

"저만 그런 거 아니에요. 다 같이 대걸레를 갖고 놀았어요."

그러자 친구들은 한솔이를 흘겨보며 불평했어요.

"야, 화분을 깨뜨린 건 너잖아. 우리는 화분 근처에도 안 갔다고."
한솔이는 친구들의 말에 크게 당황했어요.
선생님께서는 다 같이 화장실 청소를 하라며 벌을 내리셨어요. 화분을 깬 것보다 더 큰 잘못이 있기 때문이라고 하셨어요.
"청소시간인데 청소는 안 하고 장난을 치고 화분을 깬 것도 잘못이지만 **더 큰 잘못은 아무도 잘못을 인정하지 않는다는 거야.** 잘못을 솔직하게 인정했으면 좋았을 것 같구나."
그제야 한솔이와 친구들은 잘못을 뉘우쳤어요.
잘못은 부끄러운 게 아니에요. 자신의 잘못을 변명하고 인정하지 않는 것이 부끄러운 거랍니다.

정직하지 못해서 죄송해요.

잘못을 인정할 줄 아는 용기

사람들은 잘못을 저질렀을 때 발뺌을 하거나 핑계를 대기 쉬워요. 자존심이 상하기도 하고, 잘못에 대한 책임을 지는 게 두렵기 때문이에요. 그래서 잘못을 인정하는 데는 용기가 필요하답니다. 솔직하게 잘못을 인정할 때 우리의 양심은 바르게 자라고, 주변 사람들에게 신뢰도 쌓을 수 있어요.

① 거짓말은 또 다른 거짓말을 낳지

내 자신에게 솔직하기 위해서는 거짓말은 금물이에요. 간혹 다른 사람을 위해 '선의의 거짓말'을 하는 경우도 있지만, 내가 잘못을 했는데 발뺌을 하는 것은 '나쁜 거짓말'이에요. '나쁜 거짓말'을 하다보면 자신의 거짓말을 들키지 않기 위해 또 다른 거짓말을 하게 되고, 결국 거짓말이 눈덩이처럼 불어나 더 큰 화를 당하게 돼요.

② 남이 보지 않아도 양심은 지킨다

양심은 우리 안에 자라는 바른 마음이에요. 우리가 양심을 지키는 이유는 '남이 보니까, 혼날까봐.'가 아니라 스스로에게 정직하기 위해서예요. 아무도 안 본다고 길거리에 함부로 쓰레기를 버리거나 물건을 부수고 도망치는 행위 등은 자신의 양심을 버리는 행동이에요. 내가 내 양심을 지키지 않는데, 누가 나를 믿어주겠어요?

③ 양심에 걸리는 일을 꼭 해결하려는 용기
양심에 걸리는 일이 있다면 늦게라도 고백하고 해결해야 해요. 그렇지 않으면 내 자신을 속이고 있다는 생각에 계속 마음이 괴롭고, 그 어떤 일에도 떳떳할 수가 없어요.

인 / 물 / 탐 / 구

오페라 가수 폴 포츠
왕따 소년, 자신감으로 세계를 감동시키다

영국의 인기 프로그램인 '브리튼즈 갓 탤런트'에 낡고 허름한 옷을 입은 남자가 출연했습니다. 심사위원들과 관객들은 뚱뚱하고 못생긴 외모의 잔뜩 긴장한 남자를 심드렁하게 쳐다보았어요.

'저 외모에 웬 오페라야?'

모두 콧방귀를 뀌며 그에게 아무런 기대도 하지 않았어요.

그런데 그의 노래가 시작되자 스튜디오에는 고운 목소리가 울려 퍼졌고, 사람들은 감동의 눈물을 흘리며 기립박수를 보냈습니다. '브리튼즈 갓 탤런트'에서 우승을 한 이 남자가 바로 2007년 전 세계를 감동시키고 모두에게 희망을 안겨줬던 오페라 가수 폴 포츠입니다.

"언제나 노래를 부르고 싶었어요. 하지만 자신감이 문제였지요. 나 자신에 대해 완전하게 믿음을 갖는 게 어려웠어요."

어린 시절 폴은 못생긴 외모와 어눌한 말투로 친구들에게 놀림을 받고, 왕따를 당했어요. 외로움을 잊기 위해 폴은 노래를 불렀어요. 폴에게 음악은 유일한 친구였거든요.

성인이 되어서도 그의 삶은 평탄하지 않았어요. 오페라 가수가 되고 싶었지만 교통사고를 당해 여러 차례 수술을 받고, 종양까지 생겨 오페라 가수의 꿈을 포기해야 했어요.

그 후 그는 생계를 위해 휴대폰 판매원으로 일했어요. 하지만 언제나 그의 가슴 속에는 오페라에 대한 꿈이 있었고, 우연히 방송을 보다가 '브리튼즈 갓 탤런트'에 출연하기로 결심한 거예요.

"어떤 일을 이루는 데 필요한 것은 오직 하나, 할 수 있다는 자신에 대한 믿음이죠."

그의 도전과 성공 앞에, 사람들은 감동의 박수를 보내고, 오페라 가수 폴 포츠를 존경하게 됐습니다.

#2 행동의 자신감 키우기

011 능동 _ 적극적으로 행동하기
012 책임감 _ 리더가 되어 보자
013 시도 _ 한번 해보는 거야
014 집념 _ 하늘은 스스로 돕는 자를 돕는다
015 고정관념 _ 과거의 실패는 잊어라
016 봉사 _ 내 마음에 사랑의 물 주기
017 최선 _ 세상에 하찮은 일이란 없다
018 실천 _ 나에게 맞는 방법을 찾아라
019 습관 _ 아침형 어린이가 되자
020 인내 _ 준비하는 자에게 기회는 온다
인물탐구 _ 축구선수 박지성〉 포기하지 않으면 승리한다

능동
적극적으로 행동하기

혜경이와 친구들이 열심히 준비한 결과, 바자회는 성공적으로 끝났고, 그 수익금으로 용수도 수술을 무사히 마칠 수 있었어요.

호수동네 아이들이 친구 용수를 돕기 위해 모였어요. 용수는 심장병 수술을 해야 하는데 집안 형편이 어려워 수술비를 마련하지 못했다고 해요. 혜경이는 '알뜰 바자회'를 제안했어요.

"사람들에게 용수 사정을 알릴 수 있고, 우리가 땀 흘려 번 돈이면 더 의미가 있잖아."

아이들은 좋은 생각이라며 손뼉을 쳤어요. 그런데 창가에 있던 현도가 말했어요.

"바자회를 한 번도 해본 적이 없는데 어떻게 성공하겠어. 실패할지도 몰라. 난 그냥 빠질래."

현도의 말에 몇몇 아이들도 우리끼리는 무리라며 나서기를 꺼려했어요. 하지만 혜경이와 다른 아이들은 열심히 노력하면 분명히 자신들의 힘으로 용수를 도울 수 있다고 믿으며 성공할 수 있는 방법을 찾자고 입을 모았어요.

"바자회 중간에 공연을 하면 많은 사람들이 모이지 않을까?"
"난 바자회 소식을 알릴 멋진 플래카드를 만들게."
과연 알뜰 바자회는 어떻게 됐을까요?
혜경이와 친구들이 열심히 준비한 결과, 바자회는 성공적으로 끝났고, 그 수익금으로 용수도 수술을 무사히 마칠 수 있었어요. 아이들의 보람도 이루 말할 수 없었지요. 하지만 걱정만 하며 바자회를 반대했던 아이들은 기뻐하는 혜경이와 친구들을 보며 '이럴 줄 알았으면 함께 참여할걸.' 하고 뒤늦은 후회를 할 뿐이었어요.

적극적으로 행동하기

어떤 일을 하든 소극적이고 패기가 없는 사람은 '아무것도 할 수 없다.'는 무기력감에 빠져 살지요.

'내가 한번 해볼까? 이런 아이디어는 어떨까?' 하고 생각한 게 있다면 적극적으로 부딪혀 보세요.

처음에는 어설프더라도 점점 나아지는 내 모습을 발견할 수 있어요. 자신감은 그렇게 시작된답니다.

생각하기는 쉬우나 실천하기는 어렵죠!

① **제일 앞자리에 앉는다**

선생님께서 정해주신 자리가 아니라면, 교실에서 제일 앞자리에 앉으세요. 앞자리에 앉으면 선생님을 대하는 두려움도 줄어들고, 수업내용에 더 집중할 수 있어요.

② 장애물과 적극적으로 마주하기

뛰어난 실력을 지니고 있더라도 나서서 표현하기란 어려운 일이에요. 이럴 때 필요한 게 바로 배짱이랍니다. 조선시대 여류화가 신사임당은 비단치마에 묻은 얼룩 때문에 울상을 짓고 있는 여인을 보고 자신이 도울 수 있을 거라고 생각했어요. 하지만 선뜻 나설 수 없었어요. '내가 너무 잘난 척하는 건 아닐까? 오히려 치마를 망치면 어떡하지?' 하는 걱정이 앞섰기 때문이에요. 그러나 이내 비단치마에 탐스러운 포도송이를 그려 얼룩을 감쪽같이 감췄다고 해요. 신사임당의 배짱이 여인과 비단치마 둘 다를 구했던 거예요.

③ 인사는 밝고 우렁차게

자신감은 적극적인 자세에서 나와요. 일단 인사 습관부터 바꿔볼까요? 인사를 할 때는 고개만 숙이지 말고 밝고 우렁찬 목소리로 인사를 해보세요. 인사를 받은 사람은 기분이 좋아지고 여러분을 자신감 있는 아이라고 본답니다.

012

책임감
리더가 되어 보자

진호의 지시에 따라 조원들은 일사분란하게 움직였어요. 진호는 자기에게 의지하는 아이들이 신기하기도 했고, 처음으로 책임감이란 걸 느꼈어요.

사람들 앞에 나서기를 싫어하는 진호는 부모님의 권유로 보이스카웃 캠프에 참가하게 되었습니다. 캠프 참가자들은 몇 개의 조로 나뉘었고, 진호는 꿀벌조가 됐어요. 아이들은 제비뽑기를 통해 조장을 뽑자고 했어요. 그런데 제비뽑기에서 진호가 조장이 된 거예요. 진호는 부담감 때문에 도망치고 싶었어요.

'어떡하지? 난 조장같은 거 해본 적이 없는데……. 난 사람들 앞에서 발표같은 거 못해.'

울상을 짓고 있는 진호에게 조장으로서 첫 일이 주어졌어요. 조원들에게 각각 할 일을 나누어주는 일이었어요.

진호는 떨리는 마음으로 아이들에게 의견을 물어보고, 그에 맞춰 일을 나누었어요. 조원들은 진호의 제안을 흔쾌히 받아들였

어요.

그 후 조원들은 진호에게 의견을 자주 물어왔어요.

"조장, 음식이 거의 다 됐는데 지금 차릴까?"

"그래. 발표가 2시부터니까 얼른 먹고 발표 준비를 하자."

진호의 지시에 따라 조원들은 일사분란하게 움직였어요. 진호는 자기에게 의지하는 아이들이 신기하기도 했고, 처음으로 책임감이란 걸 느꼈어요.

'나를 잘 따라와 주는 조원들을 위해서라도 내가 열심히 해야지!'

캠프가 끝날 즈음, 진호는 여전히 떨리기는 했지만 사람들 앞에 나서는 것이 예전처럼 두렵지 않았어요. 그리고 꿀벌조를 리드하고 있는 자신을 발견했답니다.

리더가 되어 보자

다른 사람의 이야기를 무조건 따르는 사람은 자기 자신의 일을 스스로 결정하지 못해요. 언제나 다른 사람이 지시해 주기를 바라고 분명하게 선택해 주기를 바라죠. 하지만 내 인생의 주인은 부모님도 아니고 친구도 아닌 바로 나 자신이란 걸 명심해야 해요. 내 삶의 리더가 되어 보세요. 적극적인 자세와 책임감 등 얻는 게 많답니다.

① 큰일에 책임을 맡아라

반장, 부반장이 아니더라도 자신이 속한 단체에서 간부를 맡는 게 좋아요. 간부활동을 하다 보면 세상을 바라보는 눈이 넓어지는 것은 물론 폭넓게 친구를 사귈 수 있고, 무엇보다 큰일을 해내게 되고, 자신감도 생기게 된답니다.

비록 공부는 좀 못해도 나는 청소반장이라고!

② **특별한 기념일에 좋은 아이디어를 내보자**

어버이날이나 스승의 날 때 좋은 아이디어를 제안하고, 적극적으로 나서서 일을 진행해 보세요. 친구들의 관심을 받을 수 있을 뿐만 아니라, 내 뜻이 반영되는 기분이 어떤 것인지 경험할 수 있어요.

③ **나의 선택에 책임지기**

이것이 옳은 것인지 틀린 것인지, 이것이 나에게 좋을지 나쁠지 스스로 판단하고 선택해 보세요. 선택을 하기 전에 먼저, 꼭 지켜야 하는 나만의 기준을 만들고 장점과 단점으로 나눠 보세요. 그래서 장점이 많고 내가 정한 기준에도 맞는다면 옳은 선택일 확률이 높습니다. 잘못된 선택이라고 해도 내가 스스로 정한 것이기 때문에 겸허히 받아들이고 책임질 줄 알아야 합니다.

시도
한번 해보는 거야

친구는 혼자라도 하겠다며 연습을 시작하더니, 마라톤대회에서 완주하여 박수를 받았어요.
완주했다는 기쁨에 즐거워하는 친구를 보며 범수는 후회가 됐어요.

    범수는 아빠와 동생과 함께 공원에 갔어요. 아빠는 자전거 타는 법을 가르쳐 주시겠다고 했어요. 동생이 먼저 자전거 타기에 도전했어요. 아빠가 뒤를 잡아주었지만 자전거는 얼마 못 가 콰당 하고 넘어졌고 동생의 무릎에서 피가 났어요. 그 모습을 보자 범수는 자전거를 타고 싶은 마음이 싹 달아났어요.
    "난 안 탈래. 다치기나 하고 무서워."
    하지만 동생은 넘어지고 피가 나는 것에도 아랑곳하지 않고 자전거 타기에 다시 도전하는 거예요.
    동생을 이해할 수 없는 범수는 혼자 집으로 돌아와 메신저로 친구와 이야기를 나눴어요. 친구는 한 달 후에 열리는 어린이마라톤대회에 나가자고 했어요.
    "말도 안 돼. 우리같은 초보자는 끝까지 가지도 못하고 망신만 당할걸."
    "그러니까 연습해야지. 열심히 연습해서 꼭 완주하자. 재미있을 것 같지 않니?"
    범수는 무리라며 자신은 마라톤대회에 나가지 않겠다고 했어요.

그러자 친구는 혼자라도 하겠다며 연습을 시작하더니, 마라톤대회에서 완주하여 박수를 받았어요. 완주했다는 기쁨에 즐거워하는 친구를 보며 범수는 후회가 됐어요.

　동생은 자전거를 타고 학원을 오가고, 친구는 불가능해 보이던 것을 해냈어요. 하지만 여전히 범수는 자전거를 타는 재미도 모르고 무언가를 시도하는 게 두렵기만 해요. 결국 범수가 얻을 수 있는 건 아무것도 없답니다.

한번 해보는 거야

수영은 물에 빠져야 배울 수 있고, 축구는 공을 차야 골을 넣을 수 있어요. 행동으로 옮기지 않으면 이뤄낼 수 있는 것은 아무것도 없어요. 혹시 어떤 일을 할 때 시도도 안 해보고 포기하지는 않나요? 또 한두 번 해보고 실패하면 '난 역시 안 돼.' 하며 체념하지는 않나요? 일단 도전해 보세요. 타고난 행동가들은 도전을 즐기며 그 안에서 자신감을 얻는답니다.

① 끊임없이 경험하라

낯선 것을 대할 때면 우리 마음속에는 두려움부터 생겨요. 내가 잘 알지 못하는 것이기 때문에 그래요. 하지만 그럴수록 용기가 필요해요. 일단 해보면 그것은 더 이상 내가 모르는 게 아니라 이미 한번 해본 것이 되잖아요. 다양한 경험이 많을수록 상황에 대처하는 융통성과 자신감이 생겨요.

② 밑져야 본전

포장된 상자 앞에 A, B, C 세 사람이 앉아 있어요. 상자 안에는 무척 중요한 게 들어있을 수도 있고, 아무것도 안 들어있을 수도 있어요. A와 B는 궁금했지만 상자를 열어보는 시간이 아까워 그냥 있었고, C는 과감히 포장지를 뜯어보았어요. 결과에 대해 C는 손해볼 게 없었어요. 중요한 게 들어있다면 C가 가질 수 있고, 아무것도 안 들어있다면 이제는 상자에 신경 쓰지 않고 다른 일에 몰두할 수 있으니까요. 시도해서 내가 다친다거나 남에게 피해를 주는 일이 아니라면, 크게 손해볼 게 없다면 일단 해보는 거예요. 밑져야 본전 아니겠어요?

③ 호기심을 품어라

'이건 왜 이럴까? 저건 뭘까? 이 안에는 뭐가 들었지?' 호기심을 가진 사람은 호기심을 풀기 위해 스스로 연구하고 실천하게 되지요. 그 과정에서 유명한 과학자가 탄생하기도 하고 사회를 발전시키는 일꾼이 되기도 한답니다.

014

집념
하늘은 스스로 돕는 자를 돕는다

획기적인 세탁기술을 개발하고 말겠다는 오기와 집념이 어항의 공기방울을 놓치지 않고 공기방울 세탁기라는 아이디어로 연결한 거예요.

무생 아저씨는 세탁기를 개발하고 있어요.
"아, 때는 쏙 빠지면서 옷감을 상하지 않게 하는 좋은 방법이 없을까?"
시중에 나와 있는 세탁기들은 세탁력도 약하고 옷감을 상하게 하는 단점이 있었어요. 무생 아저씨는 이러한 단점을 보완하기 위해 이것저것 시도해 보았지만 번번이 실패했어요.
하지만 무생 아저씨의 연구는 낮이건 밤이건 멈출 줄 몰랐어요. 해내고야 말겠다는 굳건한 의지를 갖고 연구하고 또 연구했어요.

"분명히 방법이 있을 거야. 꼭 찾아내고 말겠어."

길을 걸을 때도 밥을 먹을 때도 모든 걸 세탁기와 연결지었어요.

그러던 어느 날 지저분한 어항을 청소하던 무생 아저씨는 이상한 점을 발견했어요. 공기가 발생하는 기포발생장치 주변에는 이끼가 끼지 않고 깨끗한 거예요.

"그래! 바로 저거야! 공기방울이 터지는 곳에는 이끼가 끼지 않아!"

무생 아저씨는 아이디어가 떠오르자마자 연구실로 달려갔어요.

그 후 세계 최초의 공기방울 세탁기가 탄생했고, 큰 성공을 거두었어요. 획기적인 세탁기술을 개발하고 말겠다는 오기와 집념이 어항의 공기방울을 놓치지 않고 공기방울 세탁기라는 아이디어로 연결한 거예요.

드디어 해냈다! 하하하!

기름때여 안녕~

하늘은 스스로 돕는 자를 돕는다

지금 당장 풀리지 않는 수수께끼가 있다고 해도 끈질기게 답을 찾으려 노력한다면 결국에는 정답을 찾게 되죠. 미로에서 길을 잃어도 출구를 찾겠다는 집념을 가진 사람은 미로를 벗어날 수 있어요.

① 해내고 말겠다는 집념

조선시대 김정호는 20년 동안 전국 방방곡곡을 돌아다닌 끝에 대동여지도를 완성했어요. 말이 20년이지 차가 없던 시절, 오로지 두 발로 산을 오르고 길도 없는 곳을 걸어다니며 일일이 지명을 확인하기란 쉽지 않았을 거예요. 하지만 지도를 만들고 말겠다는 집념이 있었기에 모든 어려움을 극복하고 꿈을 이뤄낼 수 있었어요. 집념은 불가능을 가능으로 만드는 힘을 가지고 있어요.

② 계획을 짜자

'이걸 언제 다 해. 하기 힘들어.' 이렇게 말하기 전에 어떻게 해야 하는지 계획을 짜도록 하세요. 계획은 구체적일수록 좋아요. 그리고 계획이 실현될 수 있도록 실천여부를 O, X로 표시하세요. 하나하나 실천하다 보면 많아보였던 일도 어느새 다 끝마칠 수 있답니다.

③ 한 우물을 파는 지혜

한정된 시간 안에 물을 얻어야 한다면, 여러 개의 우물을 파는 것보다 한 개의 우물을 파는 게 더 많은 물을 얻을 수 있어요. 깊게 팔수록 맑은 물을 얻을 수 있지요. 내가 간절히 바라는 것, 그 한 가지에 집중하세요.

015

고정관념
과거의 실패는 잊어라

옛날처럼 실패할까봐 두려워서 말뚝을 뽑을 엄두조차 내지 못했던 거예요. 윌리가 고정관념을 버리고 용기를 냈다면 어린시절과 달리 말뚝은 쑥 뽑혔을 거예요.

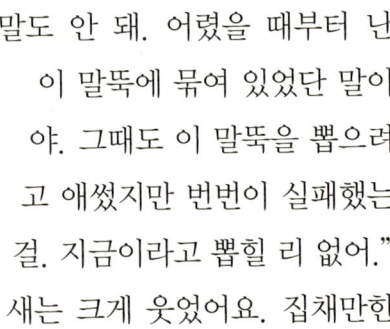

서커스단에 윌리라는 코끼리가 있었어요. 윌리는 공 굴리기 쇼도 하고, 무거운 짐을 번쩍 들어올려 사람들의 일손을 돕기도 했지요. 하지만 윌리는 자신의 고향으로 돌아가고 싶었어요. 자신의 발을 묶어놓은 말뚝만 없다면 말이에요.

윌리는 나뭇가지에 앉아 있는 새에게 말했어요.

"새야, 넌 참 좋겠다. 날개가 있어서 언제든지 고향으로 날아갈 수 있잖아. 난 말뚝에 묶여서 아무데도 갈 수가 없는데……."

그러자 새는 이상하다는 듯이 고개를 갸우뚱거렸어요.

"넌 덩치도 크고 힘도 센데 뭐가 문제니? 그깟 말뚝 뽑아버리면 되잖아."

"말도 안 돼. 어렸을 때부터 난 이 말뚝에 묶여 있었단 말이야. 그때도 이 말뚝을 뽑으려고 애썼지만 번번이 실패했는 걸. 지금이라고 뽑힐 리 없어."

새는 크게 웃었어요. 집채만한

몸집의 윌리에 비해 말뚝은 아주 작았거든요.

윌리는 어떻게 됐을까요?

결국 고향에 가지 못한 채 서커스단에서 평생을 보내야 했어요. 옛날처럼 실패할까봐 두려워서 말뚝을 뽑을 엄두조차 내지 못했던 거예요. 윌리가 고정관념을 버리고 용기를 냈다면 어린 시절과 달리 말뚝은 쑥 뽑혔을 거예요.

그냥 뽑아버려!

과거의 실패는 잊어라

지난번 수학시험에서 답을 밀려 쓰는 실수를 했다면 이번 시험에서도 또 실수하지 않을까 엄청 긴장하게 되지요. 어릴 때 물에 빠진 경험이 있다면 커서도 물에 대한 두려움 때문에 물을 무서워하게 되고요.
예전에 안 됐으니 이번에도 안 될 거라는 편견, 즉 고정관념을 버려야 해요.
스스로에 대해 자신있는 사람은 과거의 결과가 아니라, 실수를 반복하지 않기 위해 노력한 땀방울을 믿는답니다.

① 어제의 잘못에 연연해하지 말자

어제의 잘못 때문에 화를 내거나 내 자신을 탓하지 마세요. 실수에 연연하면 자신감이 달아난답니다. 실수가 나쁜 것은 아니에요. 왜 잘못했는지 분석하고 앞으로 같은 실수를 하지 않겠다는 너그러운 마음을 가져봐요. 우리에게는 내일이 있으니까요.

② 미리 포기하면 안 돼

해보지도 않고 미리 포기하는 것처럼 어리석은 일은 없어요. 아기가 두 발로 걸을 수 있는 것은 넘어지는 걸 두려워하지 않기 때문이에요. 수없이 넘어지면서 균형을

잡고, 발을 뗄 수 있는 방법을 터득하고, 다리에 힘을 기르게 되지요.

③ 새로운 것에 도전해 봐

고정관념을 깰 수 있는 가장 큰 무기는 바로 도전이에요. 도전을 통해 지금의 내가 가진 가능성을 알 수 있지요. 세상을 발전시키는 원동력은 고정관념을 깨고 새로운 변화에 도전하는 데서 온답니다.

봉사

내 마음에 사랑의 물 주기

바다는 차츰 푸른 빛을 되찾기 시작했어요. 새롬이는 자기도 도움이 됐다는 생각에 가슴이 벅차올랐어요. 처음으로 자신이 중요한 일을 해냈다는 뿌듯함에 스스로가 대견했습니다.

일요일입니다. 엄마 아빠는 태안 봉사활동을 가자고 새롬이를 부릅니다.

"쉬는 날인데, 그냥 집에 있으면 안 돼요?"

새롬이는 툴툴거리며 부모님을 따라 나섰어요.

얼마 전 서해안에서 유조선이 충돌하면서 엄청난 기름이 바다로 흘러들어 태안 앞바다를 죽음의 바다로 만들었대요. 갯벌에 사는 생물들도, 바다에 사는 물고기들도 기름 때문에 모두 죽었다고 해요.

새롬이는 부모님과 함께 자원봉사자들 틈에서 열심히 기름을 닦아냈어요. 옆에서 이를 본 마을 어르신이 새롬이에게 고마움을 전했습니다.

"아이고, 어린 너도 도와주러 왔구나. 너희들 때문에 우리가 힘이 난다."

새롬이는 오기 싫다고 짜증냈던 게 부끄러웠어요.

그 후 새롬이는 주말마다 부모님과 함께 태안을 찾았어요. 바다는 차츰 푸른 빛을 되찾기 시작했어요. 뉴스에서 새롬이와 같은 자원봉사자들이 기적을 만들어냈다고 말했어요.

새롬이는 자기도 도움이 됐다는 생각에 가슴이 벅차올랐어요. 처음으로 자신이 중요한 일을 해냈다는 뿌듯함에 스스로가 대견했습니다.

봉사는 새롬이에게 휴일보다 더 큰 선물을 주었던 거예요.

내 마음에 사랑의 물 주기

미국에 사는 한 청년이 명문 컬럼비아대 의과대학에 지원했다가 떨어졌어요. 그 이유는 다음과 같았어요.

"귀하의 성적은 아주 우수합니다. 가정환경이나 여러 조건들도 만족스럽습니다. 그런데 어디를 보아도 헌혈했다는 기록이 없습니다. 남을 위해서 헌혈한 경험이 없는 사람이 어떻게 환자를 돌볼 수 있겠습니까. 귀하는 의사가 될 자격이 없습니다."

다 같이 어울려 사는 사회에서 우리는 서로 돕고 사랑해야 해요. 새롬이가 경험했던 것처럼 봉사는 '나도 세상에 힘이 되는 소중한 존재' 라는 걸 깨닫게 해준답니다.

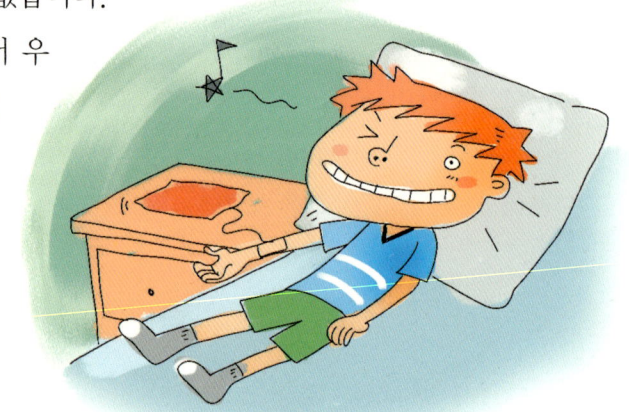

① 용돈을 아껴서 기부한다

인터넷 검색을 하거나 부모님께 여쭤봐서 돕고 싶은 사회복지단체를 정하세요. 그리고 저금통을 따로 만들어서 심부름하고 받은 돈, 과자를 사먹지 않고 아낀 돈, 용돈의 일부 등을 저금해요. 그리고 그 돈을 모아 매월 후원단체에 기부하는

거예요.

② **정기적으로 봉사활동을 하는 거야**

부모님과 함께, 또는 친구들과 함께 정기적으로 봉사활동을 해보세요. 고아원이나 장애인복지시설에 가서 돕는 것도 좋고, 마을 노인회관 청소를 한다거나 무료급식을 도울 수도 있어요. 나의 작은 손길이 어려운 이웃에게 큰 힘이 되는 걸 보면 내가 준 것보다 받은 게 더 많다는 걸 깨닫게 됩니다.

최선
세상에 하찮은 일이란 없다

만약 처음의 생각처럼 대충 화장실 청소를 끝냈다면 쿠보야마는 자신의 꿈을 이룰 수 없었을 거예요.

일본에 사는 쿠보야마는 도심에 세워진 으리으리한 호텔 앞을 지날 때마다 호텔의 주인이 되는 걸 소원했어요. 시간이 흘러 대학생이 된 그는 호텔 실무 경험을 쌓기 위해 데이코쿠 호텔에서 시간제 아르바이트생으로 일하게 됐어요.

실습 첫날, 그에게 주어진 작업은 모두가 꺼려하는 화장실 청소였어요. 그는 대충대충 빨리 끝내자는 생각뿐이었어요. 그런데 화장실 청소법을 알려주러 온

반드시 이 호텔의 주인이 되겠어!

선배가 맨손으로 변기를 닦기 시작하는 거예요. 쿠보야마는 화들짝 놀랐어요.

"불결하게 무슨 짓이에요? 얼른 고무장갑을 끼세요."

"고무장갑을 낀 손으로는 때가 잘 지워졌는지 알 수 없지만 맨손으로 문질러 보면 금방 알 수 있거든."

선배의 모습에 크게 감명받은 쿠보야마는 맨손으로 화장실 청소하는 방법을 철저하게 익혔고, 그 덕분에 화장실 청소만큼은 어느 누구에게도 뒤지지 않을 자신이 생겼어요. 그러자 다음에 맡은 객실 청소도 남다른 프로 의식을 가지고 해낼 수 있었어요. 결국 쿠보야마는 꼼꼼한 현장 경험을 인정받았고, 이후 호텔경영의 일인자가 되었어요.

하기 싫은 화장실 청소였지만 최선을 다했던 쿠보야마. 만약 처음의 생각처럼 대충 화장실 청소를 끝냈다면 자신의 꿈을 이룰 수 없었을 거예요.

세상에 하찮은 일이란 없다

아무리 하찮은 일이라도 내가 어떻게 생각하느냐에 따라 그 일은 중요한 일이 되기도 하고 하찮은 일이 되기도 해요. 우편배달부가 '단순히 우편물을 배달한다.'고 생각하면 우편배달은 지루하고 의미없는 일이 되겠죠. 하지만 '사랑을 전하고 사람들을 서로 연결시켜 주는 일을 한다.'고 믿으면 자신의 일에 자부심과 자신감을 갖게 돼요. 여러분도 지금 하고 있는 일에 여러분만의 의미를 만들어 보세요. 마음이 한결 가볍고 훨씬 즐거워질 거예요.

① 끝은 아무도 알 수 없어

스포츠 경기를 보면 패배가 확실시되던 팀이 마지막 역전에 성공해 승리를 하기도 해요. 역전의 기회는 언제, 어디서나 있다는 걸 기억하세요. 끝은 알 수 없는 거예요. 지금 안 된다고 포기하지 말고 꾸준히 노력하면 여러분도 마지막 역전의 주인공이 될 수 있습니다.

9회말 투아웃. 하지만 끝은 알 수 없어. 분명 이길 수 있어.

② 끝까지 물고 늘어져라

문제가 풀리지 않을 때 답을 보고 싶은 유혹에 빠지기 쉬워요. 하지만 답안을 보고 싶어도 참고, 내 힘으로 풀어보세요.
예를 들어 수학문제 같은 경우, 한 문제 푸는 데 1시간이 걸리더라도 이 공식, 저 공식 대입해서 끝까지 풀다보면 나중에는 어떤 응용 문제도 단 몇 분만에 척척 풀 수 있게 된답니다.

③ 배로 노력하는 거야

우리는 종종 '남들과 똑같이 했는데 나는 왜 안 될까?' 하고 고민에 빠질 때가 있어요. 똑같이 공부했는데 친구만 성적이 잘 나오면 억울하고 속상하기도 해요. 하지만 그런 고민으로 속상해하지 마세요. 성공은 '남들과 같은 시간을 노력했다.'가 아니라 '남들보다 더 많은 시간을 노력했다.'에 달려 있으니까요.

④ 최선을 다하는 자세

선생님께서 유리창 청소를 시키셨다면 누구보다도 가장 깨끗하게 닦는 거예요. 이처럼 매사에 최선을 다하면, 공부할 때도 최선을 다하게 되고, 100% 실력을 발휘해야 할 때 200% 실력을 발휘할 수 있게 되지요.

실천

나에게 맞는 방법을 찾아라

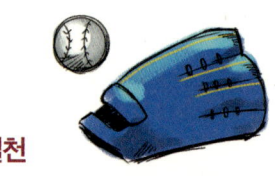

자신감을 키우기 위해 박찬호 선수는 적극적으로 실천방법을 찾았고, 자신만의 방법으로 어려움을 극복해 냈던 거예요.

학교 야구부에서 투수를 맡고 있는 찬호는 누구보다 야구를 좋아해 열심히 연습했지만, 막상 실전에서는 좋은 성적을 내지 못했어요. 이를 지켜보던 감독님은 어린 찬호에게 재능은 있지만 자신감이 없는 게 문제라고 충고했어요.

'훌륭한 투수가 되려면 자신감이 있어야 하는데 어떻게 자신감을 키우지?'

찬호는 자신감을 키우기 위해 주변에서 말하는 갖가지 방법들을 써봤지만 소용이 없었어요. 고민 끝에 찬호는 공동묘지에서 연습을 하는 방법을 생각해 냈어요.

그러나 막상 공동묘지에 가자 찬호는 너무 무서워서 줄행랑을 치고 말았어요. 다음 날 찬호는 다시 공동묘지를 찾았어요. 무서웠지만 훌륭한 야구선수가 되기 위해서는 자신감이 있어야 한다는 생각에 용기를 낸 거예요.

무시무시한 공동묘지에서의 야구연습으로 찬호는 담력을 키울 수 있었어요. 그 뒤 실전에서도 떨지 않고 자신감 있게 공을 던질 수 있게 됐죠. 바로 그 어린 찬호가 현재 미국 메이저리그 필라델피아 필리스의 간판투수 박찬호 선수랍니다.
 자신감을 키우기 위해 박찬호 선수는 적극적으로 실천방법을 찾았고, 자신만의 방법으로 어려움을 극복해 냈던 거예요.

나에게 맞는 방법을 찾아라

나는 조용해야 공부가 잘 되는데 친구는 음악을 들어야 공부가 잘 된다고 해요. 시골에 사는 두 친구가 서울에 가는데 한 명은 버스를 타고 가고 한 명은 기차를 타고 가요.

이렇듯 목표는 같을 수 있지만 그 목표를 향해 가는 방법은 저마다 다르답니다. 나에게 맞는 방법을 찾아 실천에 옮겨야 해요.

① 목표를 정확히 해라

내가 이루고자 하는 목표를 확실히 정하세요. 어디로 올라가야 하는지도 모른 채 사다리를 탄다면 결국 엉뚱한 곳에 도착하고 말 거예요.

② 나를 파악하는 기술

목표가 정해졌다면 다음 세 단계에 걸쳐 자신을 체크해 보세요. 지금 나에게 필요한 것은 무엇이고 부족한 것은 무엇인지 알 수 있답니다.

첫째, 목표를 이루기 위해서 나에게 꼭 필요한 것은 무엇일까?
둘째, 지금 나에게 부족한 것은 무엇일까?
셋째, 그렇다면 무엇을 준비해야 할까?

③ 여러 가지 방법을 쭉 나열해 봐

나에게 맞는 실천방법들을 쭉 나열하세요. 그런 다음 실현 가능한 것과 그렇지 못한 것으로 나누세요. 실현 가능한 것은 시도해 보고 결과를 옆에 적어 두세요. 이렇게 직접 시도하다보면 나에게 가장 잘 맞는 방법을 찾을 수 있어요.

④ 주변의 조언을 듣는다

혼자 생각하기 어렵다면 주변에 조언을 구하세요. 내가 모르는 지혜로운 방법들을 더 많이 알고 있을지 몰라요. 그중에서 나에게 가장 적합하다고 생각되는 방법을 실천하는 거예요.

019

습관
아침형 어린이가 되자

아침에 예습도 하고 준비물도 다시 확인하기 때문에 혼날 일도 없는 거예요. 보라의 자신감은 여유로운 아침 시간부터 시작된 거예요.

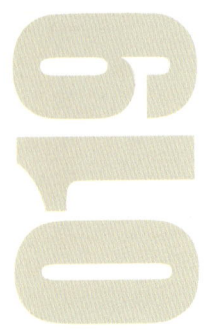

"민지야, 일어나! 이러다 또 지각한다."
"엄마, 5분만 더 잘게. 5분만."
아침마다 민지네 집에서는 더 자려는 민지와 깨우는 엄마 사이에 실랑이가 일어나요. 어젯밤 만화책을 읽느라 밤늦게 잠든 민지는 엄마가 깨워야 겨우 일어나서는 아침밥도 거의 먹지 못한 채 부랴부랴 학교로 뛰어갑니다. 결국 오늘도 지각을 해 선생님께 혼이 나고 말았어요.
수업이 시작되었는데도 여전히 비몽사몽 졸리기만 하고, 2교시 수학시간에는 준비물을 안 챙겨와 또 혼이 났어요.
'자꾸 왜 이러는 걸까?'
민지는 이런 자신이 속상하고, 선생님께 야단을 맞을수록 주눅만 들어요.
반면에, 짝꿍 보라는 초롱초롱한 눈으로 수

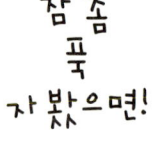

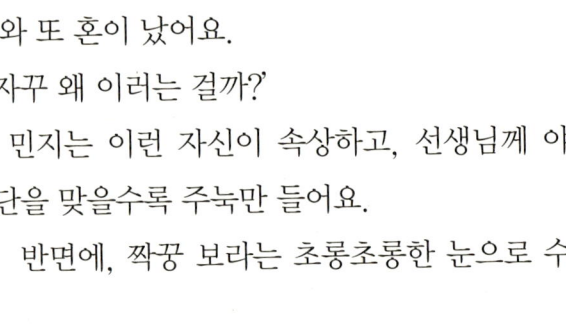

업을 열심히 들어요. 공부도 잘하고 물론 지각도 하지 않아요. 선생님께 칭찬도 자주 듣고요. 그 비결은 무엇일까요?

"나도 예전에는 지각 대장이었어. 그런데 습관을 바꾸니까 고쳐지더라고. **난 일찍 자고 일찍 일어나거든. 아침에 일찍 학교에 오면 기분이 상쾌하고 수업 시간에 집중도 잘 돼.**"

보라는 '아침형 어린이'예요. 머리가 가장 맑아지는 시간, 아침 시간을 잘 이용하면 하루가 엄청 길다는 걸 알 수 있어요. 보라처럼 아침밥도 챙겨 먹고 여유롭게 학교에 도착할 수도 있어요. 아침에 예습도 하고 준비물도 다시 확인하기 때문에 혼날 일도 없는 거예요. 보라의 자신감은 여유로운 아침 시간부터 시작된 거예요.

아침형 어린이가 되자

우리 몸 안에는 시계가 있어요. 그 시계는 수백만 년 동안 해가 지면 자고 해가 뜨면 일어나는 것에 맞춰져 있지요. 특히 밤 10시와 새벽 2시 사이에는 성장 호르몬이 가장 왕성하기 때문에 키도 쑥쑥 자라게 하고, 피곤했던 몸도 개운

하게 회복시켜 주지요. 그렇기 때문에 밤 10시 전에 잠이 들고 아침 일찍 일어나는 규칙적인 습관이 필요해요. 아침형 어린이는 하루를 여유롭게 시작하고 준비할 수 있어요.

① 하루 계획은 아침에!

유교사상을 세운 중국의 공자는 '하루 계획은 아침에 달려 있고, 아침에 일어나지 않으면 아무것도 하지 못한다.'고 말했어요. 하루 계획은 전날 자기 전에 세우고, 행동에 옮기는 건 아침에 시작하는 거예요. 아침 7시에 일어난 친구는 밥을 먹고, 가벼운 운동을 하며, 상쾌하게 하루를 시작하지만 아침 10시에 일어난 친구는 아침 식사를 놓치고 운동할 시간을 놓쳐 금방 오후를 맞이하게 되지요.

② 하나씩 습관을 고쳐나간다

한번 길들여진 습관은 단번에 고치기 어려워요. 그렇기 때문에 오늘은 하루 계획표 중에서 기상을 실천하고, 내일은 공부 시간을 조절하는 식으로 차근차근 고쳐나가야 해요. 인내심을 갖고 끈기있게, 잘못된 습관을 버리고 새로운 내가 되어 보세요.

③ 아침에 좋은 운동

남들보다 한두 시간 일찍 일어나서 가벼운 운동을 해봐요. 몸도 건강해지고 정신이 맑아져 집중력도 놀랍도록 향상됩니다. 그렇다고 땀을 뻘뻘 흘리는 운동이나 너무 과격한 운동을 하면 안 돼요. 오히려 몸을 아프게 하니까요.

빠르게 걷기, 천천히 달리기, 맨손 체조 등이 아주 좋답니다.

한번 도전해 보는 거야.

적당한 운동은 몸과 마음이 건강해진다고.

인내
준비하는 자에게 기회는 온다

기회는 언젠가 꼭 오기 마련입니다. 그리고 준비된 자는 그 기회를 놓치는 법이 없지요.

정인이네 언니는 시트콤 작가 지망생이에요. 정인이는 언니가 빨리 시트콤 작가가 되기를 바랐어요. 언니 덕분에 방송국도 구경가고 연예인 사인도 받으면 좋겠다고 생각했거든요.

그런데 정인이의 바람과 달리 언니는 자꾸 면접에서 떨어지는 거예요. 실패가 계속되자 상심에 젖은 언니는 방에 틀어박혀 나오지도 않았어요. 그러다 이내 눈물을 닦고 일어나 다른 프로그램을 보면서 연구하며 열심히 공부했어요.

"저런 상황을 만드니까 재미있구나. 배우들 캐릭터가 잘 살아있어. 나는 되고 싶다는 생각만 했지 정작 어떻게 해야하는지 몰랐던 거야."

이럴 때일수록 더 공부해야 해!

기회는 반드시 온다!

그로부터 몇 달이 지났지만 언니는 여전히 시트콤 공부만 하고 있었어요. 정인이네 엄마는 언니에게 다른 일을 알아보라고 했어요. 그렇지만 언니는 자기는 꼭 시트콤 작가가 되고 말 거라며 공부를 멈추지 않았어요.

그러던 어느 날 새로운 시트콤을 준비 중인데 정인이네 언니에게 프로그램 면접을 보러 오라는 전화가 왔어요. 정인이네 언니는 그동안 집에서 연구한 재미있는 아이디어로 면접에 합격할 수 있었고, 그 후 전 국민을 즐겁게 하는 시트콤을 써서 유명한 작가가 됐답니다. 아마도 백수 시절의 준비가 없었다면 불가능했을 거예요.

기회는 언젠가 꼭 오기 마련입니다. 그리고 준비된 자는 그 기회를 놓치는 법이 없지요.

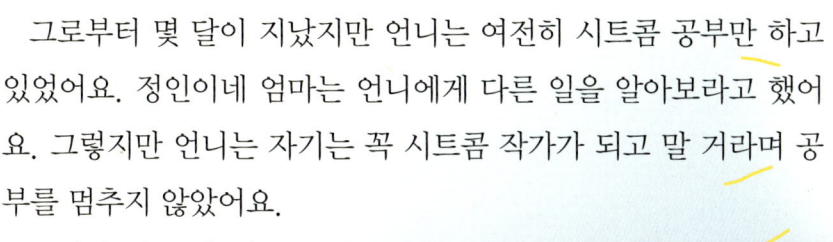

기회는 준비된 자만이 잡을 수 있지!

준비하는 자에게 기회는 온다

인내란 '참고 견디어 낸다.'는 뜻이에요. 미래의 목표를 향해 힘들어도 참고 성실하게 노력하며 준비해야 해요.

세계적인 성악가 신영옥은 처음에 오페라 극단에서 보잘 것 없는 역할을 맡고 있었지만 언젠가 기회가 올 것을 대비해 전 악장의 가사를 모두 외우며 연습했다고 해요. 그러던 어느 날 주연급 프리마돈나가 아파서 공연을 못하게 됐고, 유일하게 전 악장을 외운 신영옥이 그녀를 대신해 무대에 서게 되면서 무명에 지나지 않았던 신영옥은 세계적인 스타가 되었지요. 이렇듯 기회는 모두에게 올 수 있지만 그 기회를 잡는 건 준비된 사람이랍니다.

① 인내심을 기르자

중간고사 전날 벼락치기 공부를 한 친구와 지금부터라도 열심히 공부하기로 결심하고 차근차근 공부를 하는 친구가 있어요. 벼락치기 공부를 한 친구는 한 번은 성적이 잘 나올 수 있어도 금세 자신의 실력이 바닥나기 마련이고, 꾸준히 노력한 친구는 당장은 성적이

인내란 '참고 견디어 낸다'는 뜻이에요. 목표를 향해 성실히 노력해 봐요.

잘 나오지 않아도 기말고사, 그 이후 시험에서 계속 좋은 성적을 거둘 수 있어요. 이처럼 인내심은 미래를 향해 노력하는 동안 길러진답니다.

② **슬럼프 극복하기**
친구랑 똑같이 공부했는데 나만 성적이 잘 안 나올 때, 열심히 했는데 아무도 알아주지 않을 때, 또는 목표 없이 같은 일을 반복하고 있다고 느낄 때 우리는 슬럼프에 빠졌다고 말해요. 그럴 때는 잠깐 하던 일을 멈추고 다른 재미있는 일을 해보세요. 농구를 한 게임 한다거나 영화를 보며 쉬는 것도 슬럼프를 이기는 좋은 방법이 될 수 있어요.

인 / 물 / 탐 / 구

축구선수 박지성
포기하지 않으면 승리한다

스스로 꾸준히, 성실하게 노력할 때 목표는 이루어진답니다.

　박지성은 어린 시절 축구선수가 되고 싶어 학교 축구부에 들어갔어요. 하지만 다른 친구들에 비해 키가 제일 작고 체구도 왜소했어요. 게다가 평발이어서 조금만 뛰어도 다른 친구들보다 쉽게 피로해지고 발이 아팠어요. 축구경기 중 몸싸움을 할 때면 박지성은 체격이 큰 친구들 사이에서 이리 부딪히고 저리 부딪혀서 제대로 뛰기도 어려웠어요.

　학년이 올라가도 사정은 나아지지 않았어요. 학창시절 내내 주전으로 뛰지 못하고 후보선수로 벤치에 앉아 경기를 지켜보는 날이 많았어요. 모두들 박지성은 축구를 하기에는 불리한 조건이라며 축구선수로 대성할 수 없다고 말했어요.

　박지성은 속상했지만 그럴수록 더 노력하며 연습을 게을리하지 않았어요. 날마다 일기를 쓰며 그날 하루 훈련했던 축구포지션을 그리고 연구하며 자신의 실수를 꼼꼼히 반성했어요.

"축구를 하면 발이 아픈 게 당연한 거야. 내가 못해서 힘든 거니까 더 노력해야 해."

그렇게 단점 많은 박지성은 연습하고 또 연습했고, 2002년 거스 히딩크 감독의 눈에 띄어 국가대표로 발탁이 됐지요. 하지만 국가대표가 돼서도 사람들은 그에게 큰 기대를 하지 않았어요.

"박지성이 누구야? 더 잘하는 선수가 있는데 왜 박지성을 뽑은 거지?"

이때도 박지성은 아무 말도 하지 않았어요. 다만 실력으로 보여주기 위해 더 강도 높게 훈련했어요. 결국 그는 대한민국 축구역사상 처음으로 월드컵 16강 진출 골을 터뜨리는 주인공이 됐습니다. 스스로 꾸준히, 성실하게 노력할 때, 목표는 이루어진답니다.

… # #3

상대와의 자신감 키우기

021 발표 _ 무대공포증 없애기
022 장점 찾기 _ 나는 왜 잘하는 게 없을까?
023 자기 소개 _ 자기 소개를 잘하는 아이
024 친구 _ 친구를 사귀고 싶니?
025 표현하기 _ 내 마음을 당당하게 말하자
026 격려 _ 말 한마디의 힘
027 사고의 전환 _ 누구에게나 배울 점이 있다
028 친절 _ 남을 배려하는 마음
029 협동 _ 함께하면 쉽다
인물탐구 _ MC 강호동〉 나만의 개성으로 최고가 되다

발표
무대공포증 없애기

한결이는 '나만 떨리는 게 아니었구나.' 하는 안도감과 함께 칭찬까지 듣고 나니 힘이 났습니다. 다음 발표수업 때는 더 잘할 수 있을 것 같았습니다.

내일은 지난 3주 동안 써온 '콩나무 성장'에 대한 관찰 일기를 발표하는 날입니다.

한결이는 발표 걱정 때문에 잠을 이루지 못하고 뒤척였어요.

"실수하면 어떡하지? 떨려서 제대로 말도 못하고……. 분명 친구들이 비웃을 거야."

한결이는 갑자기 태풍이 몰아쳐 휴교를 하거나 이대로 지구에 종말이 찾아와 아침이 오지 않았으면 좋겠다고 생각했어요. 하지만 어김없이 아침은 밝았고 수업이 시작되었어요.

자신의 차례가 되자 한결이는 관찰 일기장을 들고 교실 앞으로 나갔어요. 두 손이 바들바들 떨리더니 목소리까지 갈라지고 말았어요. 친구들이 깔깔대며 웃어댔어요.

한결이는 너무 창피했지만 마음을 고쳐먹었어요.

'내가 얼마나 열심히 썼는데, 이대로 웃음거리가 될 수 없어.'

목소리를 가다듬고 한결이는 힘을 내 친구들에게 말했습니다.

"제가 지금 너무 떨리는데요, 열심히 했으니까 잘 들어주세요."

이렇게 말하고 나니 마음이 훨씬 가벼워졌어요. 친구들도 호의적인 표정으로 바라보는 것 같고요.

한결이는 여전히 떨렸지만 발표를 무사히 마쳤습니다. 선생님께서는 관찰 일기를 잘 썼다며 칭찬해 주셨어요. 게다가 그 뒤에 발표하는 친구들도 한결이처럼 떨린다며 고백하는 게 아니겠어요?

한결이는 '나만 떨리는 게 아니었구나.' 하는 안도감과 함께 칭찬까지 듣고 나니 힘이 났습니다. 다음 발표수업 때는 더 잘할 수 있을 것 같았습니다.

무대공포증 없애기

긴장은 우리가 정신을 바짝 차릴 수 있도록 돕는 경보기랍니다. 하지만 친구들 앞에 나설 때 지나치게 긴장을 하면 아는 것도 틀리고 오히려 실수를 더 많이 하게 되죠. 이럴 때는 실수를 하더라도 끝까지 해내겠다는 마음을 가지면 긴장감도 줄어들고 더 잘할 수 있어요. 피하지 않고 부딪히다보면 남들 앞에 서는 두려움은 조금씩 사라진답니다.

① 가족들 앞에서 큰소리로 책을 읽어봐

발표력을 키우고 싶다면 크고 또렷한 목소리로 내용을 명확하게 전달하는 것이 중요해요. 평소에 가족들 앞에서 큰소리로 책을 읽거나 구연동화를 해보는 것은 어떨까요?

실수를 줄이는 가장 좋은 방법은 연습이랍니다.

옛날옛날 아주 먼 옛날 호랑이 담배 피던 시절에…

가족들 앞에서 발표해 보자!

② **자신감을 주는 발표 자세**

발표를 할 때는 시작하기 전 1~2초 동안 잠시 쉬어서 친구들의 시선을 집중시키세요. 그런 다음 자신있는 큰소리로 이야기를 시작하는 거예요. 떨린다고 작은 소리로 말하면 더욱 떨리고 자신이 없어지거든요. 손 동작, 몸 동작으로 발표의 재미를 더하는 것도 불안감을 줄이는 좋은 방법입니다.

③ **아는 것만큼 보인다**

발표를 잘하기 위해서는 내가 발표하려는 내용에 대해 꼼꼼히 준비를 해야 해요. 아는 내용이 많을수록 발표에 확신이 생겨 하나라도 더 이야기하고 싶은 자신감이 생기지요.

장점 찾기
나는 왜 **잘**하는 게 **없을**까?

기수는 친구들의 이야기를 듣고 더 이상 자신을 남과 비교하지 않았습니다. 자신의 장점을 발견하는 일, 그것처럼 자신을 격려하고 자신감을 키우는 일은 없답니다.

기수는 요즘 무척 우울해요. 친구들에 비해 자신이 너무 초라하게 느껴지기 때문이에요. 반에서 1등을 놓치지 않는 하늘이, 운동이면 무엇이든 잘하는 춘호, 그리고 춤을 잘 추는 재혁이까지 모두 재능이 넘쳐 보입니다.

"다들 잘하는 게 있는데 나는 왜 이렇게 못났지? 할 줄 아는 게 하나도 없잖아."

친구들과 비교할수록 기수는 점점 의기소침해지고 급기야 친구들과 어울리는 것도 싫어졌어요. 기수의 생각을 알게 된 친구들은 화들짝 놀라며 말했습니다.

"그게 무슨 소리야? 넌 요리를 잘하잖아. 네가 지난번 끓여준 라면이 우리 엄마가 끓인 것보다 훨씬 맛있었어."

"맞아. 저번에 캠프 가서 끓인 카레는 어떻고. 진짜 최고였지."

예상치 못한 친구들의 칭찬에 기수는 얼떨떨했습니다. 한번도 요리가 자신의 장점이라고 생각해 본 적이 없었거든요.

그때 재혁이가 말을 거들었어요.

"요리도 잘하지만 넌 누구보다 솔직하잖아. 난 솔직한 네가 참 좋던데……."

기수는 친구들의 이야기를 듣고 더 이상 자신을 남과 비교하지 않았습니다. 자신도 잘하는 게 있다는 걸 알았기 때문이에요. 자신의 장점을 발견하는 일, 그것처럼 자신을 격려하고 자신감을 키우는 일은 없답니다.

너무 겸손한 것 아냐?

무슨 소리야. 넌 장점이 많은 아이야.

너의 장점을 찾아봐!

정말?

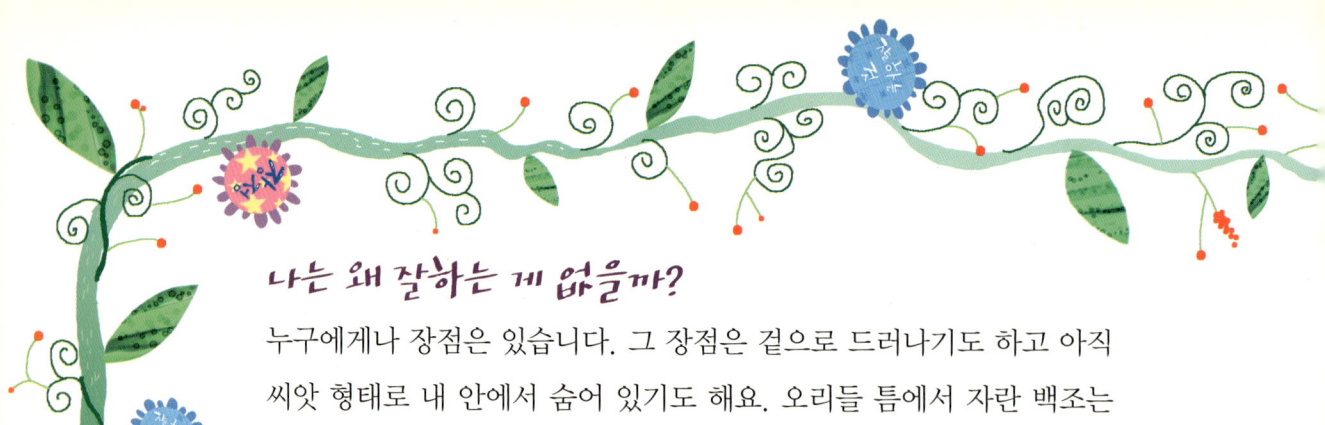

나는 왜 잘하는 게 없을까?

누구에게나 장점은 있습니다. 그 장점은 겉으로 드러나기도 하고 아직 씨앗 형태로 내 안에서 숨어 있기도 해요. 오리들 틈에서 자란 백조는 자신을 미운 오리새끼라고 생각하지만 훗날 자신이 누구인지 알게 되고는 하늘을 날게 되죠.

여러분에게도 아직 발견되지 않은 빛나는 재능이 있답니다. 남과 비교하며 좌절하지 말고 내 안에 숨어 있는 보석을 찾기 위해 최선을 다 하세요.

① 내가 잘하는 것 10가지

내가 잘하는 것을 10가지 또는 그 이상을 적어 보세요. 글씨를 잘 쓴다, 손이 커서 물건을 잘 집는다 등 사소한 것부터 시작하는 거예요. 나의 장점을 발견하는 것처럼 기쁜 일도 없겠지요.

② 자신이 못났다는 생각은 버려

'나는 못났어, 난 바보야.' 라는 생각은 버리세요. 시험 점수가 나쁘다고 머리가 나쁜 것은 아니에요. 단지 공부를 게을리했을 뿐이에

너의 장점을 키워 봐.

요. 이번에 시험을 못 봤다면 열심히 공부해서 다음 시험에서 점수를 올리면 되는 거예요.

③ 남과 비교하지 말자

'남의 떡이 더 커보인다.'고 하지요. 같은 크기의 케이크를 먹으면서도 친구 것이 더 커보이고 맛있어 보일 때가 있어요. 친구가 신고 다니는 값비싼 운동화가 부러워서 내 운동화가 신기 싫을 때도 있죠. 남이 가진 것을 부러워하고 시샘하다보면 심술만 나고 그럴수록 자신이 초라하게 느껴져요. 내가 가진 것을 소중히 여기고 만족할 줄 알아야 자신감도 커지게 된답니다.

④ 단점은 없애고 장점은 살려라

자꾸 물건을 잃어버린다면 물건을 잃어버리지 않을 방법을 찾고, 목소리가 남들보다 크다는 장점을 가졌다면 웅변대회나 발표를 통해 큰 목소리를 뽐내 보세요. 그 사이 자신감은 UP! UP!

자기 소개
자기 소개를 잘하는 아이

"다른 사람에게 나를 소개하는 건 결코 겁낼 일이 아니야. 일단 친구들에게 하고 싶은 말을 종이에 써보면 어떨까? 그 다음에 큰소리로 읽어보는 거야."

봉주는 새로운 학교로 전학을 가게 됐어요. 그런데 자기 소개 때문에 걱정이 태산이에요. 쑥스러움이 많은 봉주는 사람들 앞에만 서면 얼굴이 빨개지고 꿀먹은 벙어리가 되고 말아요. 봉주는 이런 고민을 아빠에게 털어놨어요.

"아빠, 난 자기 소개를 잘 못하는데 새 친구들이 말도 잘 못한다고 나랑 친구하기 싫어하면 어떡하지?"

"다른 사람에게 나를 소개하는 건 결코 겁낼 일이 아니야. 일단 친구들에게 하고 싶은 말을 종이에 써보면 어떨까? 그 다음에 큰소리로 읽어보는 거야."

봉주는 아빠의 말씀대로 연습장에 하고 싶은 말을 쓴 뒤, 큰소리로 읽었어요. 마음에 들 때까지 내용을 고치고, 읽기를 수십 번 반복했어요.

드디어 전학 첫날, 낯선 친구들 앞에 선 봉주가 떨리는 목소

리로 인사를 건넵니다.

"아, 안녕? 난 김봉주라고 해. 파랑초등학교에서 전학왔고 노, 농구를 좋아해. 너희들과 친하게 지내고 싶어. 잘 부탁해."

봉주는 긴장감에 얼굴이 빨개지고 말도 조금 더듬었지만 자기 소개를 무사히 끝낼 수 있었어요. 그리고 자리에 앉자 주위 친구들이 봉주에게 말을 건네왔어요.

"넌 수줍음이 많은가 보구나? 볼이 빨개진 게 귀엽다."

"농구를 좋아한다고? 그럼 수업 끝나고 같이 농구하자. 재미있을 거야."

봉주는 친구들의 관심에 기분이 좋았어요. 앞으로 더욱 용기를 내서 나를 표현한다면 더 많은 친구도 사귀고, 즐겁게 학교생활을 할 수 있을 거라고 생각했어요.

대단한걸?

앞으로 친하게 지내자.

볼이 빨개진 게 귀엽다.

오~ 같이 농구할까?

파이팅!

I can do it!

자기 소개를 잘하는 아이

새 학년이 됐을 때, 새로운 친구를 만났을 때 우리가 제일 먼저 하는 일은 남에게 자신을 소개하는 일이에요. 이때 얼마나 호감 있게, 인상 깊게 자기 소개를 하느냐에 따라서 첫인상이 좌우되지요.

자기 소개를 잘하는 친구는 자신감이 넘치기 때문에 상대방에게 좋은 인상을 남기죠. 하지만 머뭇거리며 모기만한 소리로 자기 소개를 하는 친구는 매사에 겁이 많고 소극적인 인상을 남겨 상대의 오해를 살 수도 있답니다.

① 자기 소개글을 미리 작성해 보자

자기 소개에 자신이 없다면 전날 미리 친구들에게 어떻게 나에 대해 말할 것인지 써보세요. 과장하거나 거짓으로 쓰지 말고 솔직하게 이름, 나

이, 취미, 장래희망, 좋아하는 인물 등을 쓰면 돼요. 그러고는 큰소리로 또박또박 읽고 또 읽으세요. 외우다시피 읽다보면 다음 날 자기 소개를 할 때 그만큼 실수를 줄일 수 있어요.

② 긴장감을 해소하는 복식호흡

집에서 연습할 때는 잘 되던 자기 소개도 사람들 앞에서 하려면 떨려서 외운 것도 잊어버리고는 합니다. 이럴 때는 심호흡을 통해 마음을 진정시킬 수 있어요. 평소에 복식호흡을 연습해 보세요.

1) 편하게 눕고 눈을 감아요.
2) 코로 숨을 천천히 깊게 들이마시면서 배를 내밀어요. 이때 손을 배꼽 주변에 올려놓고 마치 풍선처럼 배를 빵빵하게 부풀려요.

3) 잠시 숨을 멈추고 천천히 숨을 내쉬세요. 이때 내쉬는 숨은 들이마실 때보다 길게 해요.

4) 같은 방법으로 반복해서 호흡하세요. 평소에 틈틈이 연습하면 긴장감을 떨칠 수 있을 거예요.

024

사교성
친구를 사귀고 싶니?

올해는 큰 결심을 했어요. 용기를 내서 먼저 말을 거는 거예요. 무척 떨렸지만 사랑이는 창가 쪽에 앉아 있는 한 친구에게 조심스레 인사를 건넸어요.

사랑이는 많은 친구를 사귀고 싶어요. 작년까지는 짝꿍 외에 친하게 지내는 친구가 없어 집에서 혼자 지내는 경우가 많았거든요. 그래서 항상 무리지어 다니는 친구들이 부러웠어요. 사랑이도 친구들과 고무줄놀이도 하고 싶고, 거리에서 떡볶이도 사먹고 싶었어요. 하지만 용기가 없어서 바라보기만 했어요.

그래서 올해는 큰 결심을 했어요. 용기를 내서 먼저 말을 거는 거예요. 무척 떨렸지만 사랑이는 창가 쪽에 앉아 있는 한 친구에게 조심스레 인사를 건넸어요.

"안녕? 난 사랑이라고 해. 넌 이름이 뭐니?"
"난 민혜라고 해. 안 그래도 아까부터 네가 참 궁금했는데. 우리 친하게 지내자."

세상에, 민혜도 자신에게 호감이 있었다니요! 먼저 말을 걸기를 정말 잘했지 뭐예요. 시작이 어려웠을

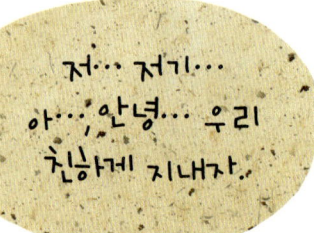

저… 저기… 아…, 안녕… 우리 친하게 지내자.

뿐 한번 말을 걸고 나니 그 이후는 오히려 수월했어요.

"우리 함께 점심 먹을래?"

점심 시간에는 민혜를 비롯한 더 많은 친구들이 사랑이와 어울렸습니다. 여러 명의 친구들과 함께 있으니 학교생활이 정말 즐겁습니다.

친구를 사귀고 싶니?

친구를 사귀고 싶은데 자신없는 경우가 있어요. 다르게 보면 '나도 인기있는 학생이고 싶다, 사교성이 있으면 좋겠다.' 는 뜻이기도 해요.
친구는 학교생활에 무척 중요한 존재랍니다. 마음에 드는 친구가 있다면 용기를 내서 먼저 다가가세요. 그 친구도 내가 인사를 건네주기를 기다리고 있을지도 모르잖아요.

① 친구의 이름을 외우자

친구를 사귀고 싶다면 그 친구에게 관심이 있다는 걸 보여줘야 해요. 일단 반 친구들 이름부터 외우는 거예요. 이름을 부르며 다가가면 자신에게 호감이 있다는 것을 알고 기분 좋게 대답해 줄 거예요.

② 체육시간을 적극 활용하자

체육시간을 좋아하는 친구들도 많아요.
그래서 활동적이고 운동을 잘하는 친구가 인기가 높기 마련이죠. 축구, 농구, 야구 등 특별한 운동실력이 있다면 더 좋겠지만 그렇지 않더라도 친구들과 어울려 같이 뛰어논다면 금세 친해질 수 있답니다.

③ **공통 관심사를 만들어라**
친구와 공통된 관심사가 있으면 금방 친해질 수 있어요. 개그 유행어, 인기 연예인 등에 대한 이야기는 모두가 쉽게 공감할 수 있는 이야기 중 하나예요.
아니면 친구에게 무엇을 좋아하냐고 솔직하게 물어보세요. 그리고 친구의 대답에 아는 대로 이야기를 해보세요. 한 마디, 두 마디 이야기하다 보면 어색함은 줄어들고, 고민도 주고받게 된답니다.

표현하기
내 마음을 당당하게 말하자

마음은 하고 싶은데 하겠다고 말할 용기가 없는 거예요. 아무도 손을 들지 않는데 혼자 손을 드는 것이 쑥스럽기도 하고, 만약 자신이 했다가 기대에 못 미칠까봐 걱정도 됐거든요.

"다음 주에 환경미화 심사가 있는데, 누가 게시판을 꾸며 볼까? 해볼 사람?"

선생님께서 반 아이들에게 물었어요. 아이들은 웅성거릴 뿐 선뜻 하겠다고 손을 드는 친구가 없었어요.

평소 종이접기를 좋아하는 분희는 자기가 하면 좋겠다고 생각했어요. 게시판을 여러 가지 색종이로 꾸미면 색다르고 예쁠 것 같았거든요.

하지만 마음은 하고 싶은데 하겠다고 말할 용기가 없는 거예요. 아무도 손을 들지 않는데 혼자 손을 드는 것이 쑥스럽기도 하고, 만약

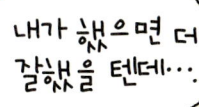

자신이 했다가 기대에 못 미칠까봐 걱정도 됐거든요.

'내가 하겠다고 말할 용기가 없는데, 선생님께서 내 마음을 알고 시켜주시면 정말 좋겠다.'

하지만 선생님께서는 아무도 손을 드는 사람이 없자 반장, 부반장에게 일을 맡겼어요. 분희는 게시판을 볼 때마다 '내가 했으면 더 잘했을 텐데.' 하며 아쉬워했습니다.

아무리 남보다 더 좋은 생각을 가지고 있어도 표현하지 않으면 자기 혼자만의 생각으로 그치고 말지요. 분희가 그때 손을 들었다면 분희의 아이디어는 좋은 결과를 가져왔을 테고, 그 후로 자신의 마음을 표현하는 데 자신감을 가질 수 있었을 거예요.

내 마음을 당당하게 말하자

자장면을 먹을까 짬뽕을 먹을까, 오른쪽으로 갈까 왼쪽으로 갈까, 나는 커서 탤런트가 될까 경찰이 될까, 나는 무엇을 해야 할까…….

우리 마음은 하루에도 수십 번 갈팡질팡합니다. 또 누군가 장래희망을 물어보면 한마디로 대답하는 게 어려워요. 왜냐하면 자신의 감정, 욕구를 표현하는 방법을 잘 모르기 때문이에요. 자신감이 있는 친구는 당당히 자신의 마음을 표현한답니다.

① 하고 싶다면 하는 거야

내가 하고 싶고, 할 수 있는 일이라면 남이 시킬 때까지 기다리지 말고 해보는 거예요. 아무리 번뜩이는 아이디어와 최고의 능력을 갖고 있어도 하겠다고 말하지 못하면 무용지물이 되고 말거든요.

② '네, 아니요.'를 정확히 말해라

긍정의 대답은 쉽지만 부정의 대답은 꺼려질 때가 많아요. 학원에 가야 하는데 친구가 땡땡이를 치자고 할 때 싫으면 '싫어.'라고 말하세요. '내가 거절하면 친구가 삐치지 않을까?' 이런 걱정은 하지 마세요. 미안하다는 말과 함께 내 사정을 설명하고 다음을 기약한다면 친구도 이해해 줄 테니까요.

③ **구체적으로 말하는 연습을 하라**
내 마음을 정확히 표현하고 싶다면 구체적으로 이야기하는 연습이 필요해요. 예를 들어 엄마에게 꾸중을 들어 속상하다면, 단순히 엄마에게 혼나서 억울하고 기분이 나쁘다고 표현할 게 아니라 '숙제를 안 했다고 엄마에게 혼나서 속상해. 내가 숙제를 못 한 건 다니는 학원이 너무 많기 때문이야. 그러니까 엄마가 학원을 줄여 줬으면 좋겠어.'라고 논리적으로 말하는 거죠. 표현력을 높이기 위해서는 책을 많이 읽고, 감상문을 쓰고, 일기를 쓰는 것도 도움이 된답니다.

026

격려
말 한마디의 힘

우리가 내뱉는 말 한마디로 상대방은 웃을 수도 있고, 울 수도 있으며, 자신감을 가질 수도 있고, 좌절할 수도 있답니다.

어느 날 남편이 창백한 얼굴로 직장에서 돌아왔어요. 어깨는 축 처져 있었고, 얼굴에는 절망감이 가득했어요. 아내는 심상치 않은 일이 일어났음을 예감하고 무슨 일인지 조심스레 물었어요.

남편은 털썩 주저앉으면서 비통하게 말했어요.

"나는 실패했어. 완전히 실패했어. 직장에서 해고되었단 말이야."

남편은 세관에 다니고 있었는데 해고를 당한 거예요. 이 말을 들은 아내는 오히려 기뻐했어요.

"여보! 이제서야 당신이 그렇게 바라던 글을 쓸 수 있게 되었어

요. **당신은 누구보다 천재적인 글솜씨를 가졌으니 언젠가는 명작을 남기게 될 거예요."**

아내는 슬퍼하는 대신 남편에게 그동안 직장을 다니느라 펼치지 못했던 재능을 발휘할 기회가 왔다고 격려했어요.

아내의 말 한마디는 남편의 자존심을 살려주고, 사기를 높여 주었어요. 이후 남편은 평소 좋아했던 글을 쓰기 시작했고, 불후의 명작 '주홍 글씨'를 탄생시켰습니다. 만약 그때 아내가 용기를 주지 않았다면 지금의 '주홍 글씨'는 없었을 거예요.

이처럼 우리가 내뱉는 말 한마디로 상대방은 웃을 수도 있고, 울 수도 있으며, 자신감을 가질 수도 있고, 좌절할 수도 있답니다.

말 한마디의 힘

속담 중에 '말 한마디로 천냥 빚을 갚는다.'는 말이 있지요? 그만큼 우리가 내뱉는 말이 얼마나 중요한지를 말해 주지요. 특히 칭찬하고 격려하는 말처럼 우리를 기분 좋게 하고 자신감을 갖게 하는 말도 없습니다. 따끔한 충고도 칭찬과 함께 하면 상대방의 마음을 움직이는 데 큰 효과를 발휘하죠.

자, 그럼 칭찬으로 우리를 변화시켜 볼까요?

① 과정을 칭찬하라

결과가 좋을 때 칭찬하는 것도 좋지만 그보다 중요한 것은 과정을 칭찬하는 거예요. 윗몸일으키기 50번을 목표로 연습을 하는데 첫날 5번밖에 못했어요. 이때 '5번이나 했잖아? 대단한걸? 내일은 10번을 해보자.' 하고 스스로를 격려하세요. 그러면 나도 모르게 힘이 나서 내일은 10번, 나흘 후에는 20번······. 결국 50번을 해낼 수 있답니다.

② 식물도 빨리 자라게 하는 칭찬의 힘

두 개의 토마토 화분이 있어요. 한 화분에는 날마다 칭찬을 했고, 다른 화분에는 날마다 화를 냈어요. 처음에는 똑같은 크기의 어린 묘목이었는데 칭찬을 해준 화분의 토마토는 다른 화분보다 훨씬 빠른 속도로 자랐고 열매도 먼저 맺었답니다.

이렇게 칭찬은 말이 안 통하는 식물도 잘 자라게 해요. 여러분도 스스로를 칭찬해 주세요. 칭찬은 작은 것에서부터 시작된답니다.

③ '미. 고. 사'를 자주 말해요

'미안해요.', '고마워요.', '사랑해요.' 이 세 가지를 자주 말하세요. 실수를 하거나 잘못을 했을 때는 ''미안해요.', 도움을 받았을 때에는 '고마워요.', 주변 사람들에게는 '사랑해요.'라고 말하세요. 단순한 말 한마디가 마음을 풍요롭게 하고 사람들과의 관계도 좋게 해준답니다.

027

사고의 전환
누구에게나 배울 점이 있다

혜진이는 친구들의 좋은 점을 보려고 노력했어요. 친구들을 거울삼아 자신의 잘못된 행동이나 습관을 고쳐나갔어요.

"어휴, 정말 왕재수야!"

집에 오자마자 혜진이가 엄마에게 투덜댑니다. 반장이 너무 잘난 체한다며 보기 싫다는 거예요.

"선생님께서 물어보지도 않았는데 자기가 아는 문제라고 만날 나선다니까. 자기가 공부 좀 잘한다고 되게 잘난 척해."

"지난 주에는 철원이가 싫다더니?"

"그애는 너무 짠돌이야. 함께 돈을 모을 때도 용돈이 부족하다고 낸 적이 없어."

엄마는 혜진이에게 친구를 사귀는 다른 시각을 알려주고 싶었습니다.

"이렇게 생각해 보는 건 어때? 엄마가 보기에 반장은 발표력이 좋은 것 같구나. 우리 혜진이는 누

넌 너무 짠돌이야!

잘난 척 그만해!

왕재수!

너 싫어!

좋은 점이 많은 친구들이야. 장점을 보도록 노력해 봐~

가 뭘 물어보면 대답하는 것도 부끄러워하는데 반장은 스스로 손 들고 말하는 걸 좋아하잖아. 그리고 철원이는 짠돌이라기보다는 절약할 줄 아는 거야."

엄마 말씀은 누구에게나 배울 점이 있다는 거였어요. 자꾸 얄미운 점만 들춰내 친구를 바라보면 그 누구하고도 친구가 될 수 없다고요.

다음 날부터 혜진이는 친구들의 좋은 점을 보려고 노력했어요. 친구들을 거울삼아 자신의 잘못된 행동이나 습관을 고쳐나갔어요. 이제 혜진이는 반 친구들과 사이좋게 지내는 것은 물론 반에서 가장 닮고 싶은 친구가 되었어요.

단점은 들춰낼수록 더 많이 보이는 법이에요. 상대방의 장점을 보려고 노력해 봐요.

누구에게나 배울 점이 있다

칭찬하고 싶은 사람의 습관이나 행동이 있다면 여러분의 것으로 만들어 보세요. 마찬가지로 친구의 잘못된 습관이나 실수를 봤다면 그 역시 눈여겨 보았다가 같은 잘못을 하지 않도록 조심하는 거예요. 내 주위의 모든 사람이 나를 발전시키는 거울이자 교과서랍니다.

① 거꾸로 생각해 보자

친구의 모습이, 행동이 싫다고 미워한다면 그 친구와는 영원히 친해질 수 없을 거예요. 사실 그 친구에게는 내가 모르는 장점이 있을 수도 있는데 말이에요.

단점을 장점이라고 생각해 보세요. 밉기만 하던 단점도 좋게 보인답니다.

거꾸로 생각해 보기

② 서로 장·단점을 바꿔 써보자

나는 내 자신에 대해 얼마나 잘 알고 있을까요? 친구와 서로의 장·단점을 써서 교환해 보세요. 내가 생각하는 나와 상대방이 보는 나는 다른 모습일 경우가 많답니다. 왜 그런지 이유를 찾아 잘못된 점은 고쳐가는 거예요.

③ 소심한 성격에도 장점이 있다

흔히 소심하고 내성적인 성격은 자신감이 없다고 말해요. 앞에 나서기를 꺼려하고 할 수 있다는 믿음이 약하기 때문이지요. 그러나 그런 성격이 꼭 나쁜 것만은 아니에요. 결정을 내릴 때 누구보다 신중하고, 안전을 최우선시하기 때문에 실패할 확률이 적어요. 소심한 성격의 장점은 장점대로 살리고, 약한 부분은 강하게 키우세요.

028

친절
남을 배려하는 마음

지갑 주인과 딸의 웃는 모습을 생각하니 미영이는 정말 기뻤어요. 당연한 일을 한 것뿐인데 잘했다고 박수까지 받으니 뿌듯했어요.

　피아노 학원에 가던 중, 미영이는 길에서 지갑을 주웠어요. 지갑 안에는 많은 액수의 돈이 있었어요. 마침 친구 수경이가 지나가다가 미영이를 보고 무얼 하느냐고 물었어요.
　"방금 길에 떨어져 있는 지갑을 주웠어."
　"진짜? 그럼 누구 것인지도 모르니까 미영이 네가 가져."
　수경이는 길에서 주웠으니까 괜찮다며 그 돈으로 떡볶이를 사 먹고, 옷도 사자고 했어요. 하지만 미영이 생각은 달랐어요. 이것은 분명 자신의 것도 아니고, 무엇보다 예전에 자신도 문제집 살 돈을 잃어버려 엄청 울었던 기억이 났어요.

"아니야. 지금 이 지갑 주인은 얼마나 속상할까. 분명 애타게 찾고 있을 거야."

미영이는 곧장 경찰서로 가 지갑 주인을 찾아달라고 부탁했어요.

며칠 후, 선생님께서 미영이를 친구들 앞으로 불러 세웠어요.

"우리 모두 미영이를 칭찬해 주자. 미영이가 얼마 전 지갑을 주워 신고했는데 경찰서에서 지갑 주인을 찾았다고 학교로 전화가 왔구나. 지갑 주인이 미영이 아니었으면 딸아이 병원비를 못 내 큰일날 뻔했다고 고맙다고 꼭 전해 달래."

지갑 주인과 딸의 웃는 모습을 생각하니 미영이는 정말 기뻤어요. 당연한 일을 한 것뿐인데 잘했다고 박수까지 받으니 뿌듯했어요. 한편 수경이는 자신의 행동이 부끄러워 고개를 들지 못했답니다.

남을 배려하는 마음

가끔 '나 혼자서도 세상을 잘살 수 있다.', '어차피 세상은 혼자 사는 것이다.' 라고 말하는 사람들이 있어요. 하지만 어느 누구도 세상을 혼자 살 수는 없답니다. 적어도 사회구성원으로 살기 원한다면 말이에요.

사람들은 서로 엮이고 영향을 주고받으며 살아갑니다. 내가 상대방을 존중하면 상대방도 나를 존중해 줘요. 그게 바로 세상을 훈훈하게 만드는 힘, 친절의 힘이랍니다.

① 내가 먼저 도움을 주자

남을 먼저 생각하는 마음은 어려운 일이 아니에요. 버스 안에서 할머니를 만나면 자리를 양보해 드리고, 무거운 짐을 든 친구를 보면 같이 들어주는 것처럼 아주 사소한 것들이랍니다.

② 대가를 바라면 안 돼

친절을 베풀고 상대방이 나에게 물질적으로 보답하기를 바라면 안 돼요. 친구의 체육복이 뜯어졌다면 실과 바늘을 구해 주

고, 급식을 먹지 못하고 있으면 내가 먹을 밥을 같이 나눠 먹는 거예요. 나에게 도움을 받은 친구는 내가 그랬듯이 도움이 필요한 다른 사람에게 친절을 베풀 거예요. 친절은 전염성이 있어서 처음에는 나 하나로 시작되지만 결국에는 민들레 홀씨처럼 멀리 퍼져 세상을 움직이게 한답니다.

③ 상대방이 되어 생각해 봐

길에서 휴대전화를 주웠어요. 내 것이 아니니까 마음껏 통화도 하고 아무 데나 버릴 수도 있을 거예요. 하지만 잃어버린 사람이 나라고 생각해 보세요. 내 것을 주운 사람이 마음껏 통화하고 주인을 찾아주려 하지도 않는다면 그 사람이 너무 밉고 기분도 나쁘겠죠? 내가 휴대전화를 잃어버려서 발을 동동 구른다면 지금 이 휴대전화 주인도 잃어버린 휴대전화 때문에 발을 동동 구르고 있을 거예요. 친절과 배려는 상대방의 입장을 이해하는 것부터 시작된답니다.

029

협동
함께하면 쉽다

반별 퀴즈대결의 최종 우승은 7반에게 돌아갔고, 이를 계기로 7반의 단결력은 더욱 높아졌어요. 단체생활은 물론 수업 분위기까지 좋아져 모두가 부러워하는 반이 됐답니다.

단결초등학교에서 반별 퀴즈대회가 열렸습니다. 5학년 1반과 7반이 나란히 결승전에 올랐어요. 결승전 문제는 10분 안에 우리 나라의 특별시를 포함해 총 93개에 해당하는 광역시, 도, 시의 지명을 외워서 지도 안에 적는 문제였어요. 아이들은 10분이 너무 적다고 툴툴거렸어요.

1반은 지금까지 문제를 풀어온 방식대로 학급 임원들이 풀기로 했어요. 학급 임원들은 93개의 지명을 외우느라 진땀을 빼며 정신이 없었고, 나머지 친구들은 퀴즈대회에 흥미를 잃어 장난을 치고 있었어요. 그런데 7반은 좀 달랐어요. 7반은 20명의 반 친구들이 각자 4~5개씩 지명을 나눠서 외우는 게 좋겠다고 의견을 모았어요.

"한 사람이 외우기에는 벅차지만 나눠 외우면 각자 4~5개씩만 외우면 돼. 10분이면 충분해."

"혹시 모르니까 자기 번호 앞, 뒤 친구들 지명도 알아두자. 한 사람이 막히면 다음 사람이 도움을 줘야 하니까."

이렇게 7반은 서로 힘을 모은 결과 어렵지 않게 우리나라 지도에 모든 지명을 채워넣을 수 있었어요. 반면 1반 아이들은 93개를 다 채워넣는데 실패하고 말았어요. 결국 반별 퀴즈대결의 최종 우승은 7반에게 돌아갔고, 이를 계기로 7반의 단결력은 더욱 높아졌어요. 학급생활은 물론 수업 분위기까지 좋아져 모두가 부러워하는 반이 됐답니다.

함께하면 쉽다

불빛 하나 없는 어두운 산길을 혼자 걷는 것보다 친구들과 함께 걸으면 하나도 무섭지 않고 오히려 어둠이 재미있게 느껴져요. 평소에는 잘 못 먹는 음식도 친구들과 함께 먹으면 맛있게 먹을 수 있어요. 한 장의 종이는 쉽게 찢어지지만 수십 장의 종이는 잘 찢어지지 않는 것처럼 혼자 할 때보다 여럿이 힘을 모을 때 용기는 배가 된답니다.

① 함께 하는 일에 나서라

반신문 만들기 등 친구들과 함께 하는 일에 나설 수 있어야 해요. '나는 참여하지 않고 응원만 할게.' 이런 자세는 자신감을 키울 수 없어요. 자신이 충분히 할 수 있는 일에 적극 동참함으로써 소속감과 우정을 키울 수 있답니다.

② 긍정적인 친구를 사귀어라

항상 짜증을 내며 투덜대는 친구와 항상 웃으며 즐거워하는 친구가 있어요. 여러분은 둘 중 누구와 친구하고 싶은가요? 당연히 즐거운 친구와 함께 있고 싶을 거예요. 울적할 때 기분 좋게 웃는 친구를 만나면 내 마음도 즐거워지기 때문이에요. 긍정적인 기운은 주위 사람도 긍정적으로 물들여 준답니다.

③ 동아리 활동을 해보자

학교에서 실시하고 있는 다양한 동아리 활동을 경험해 보세요. 야구, 축구, 뮤지컬, 음악 밴드 등 단체활동을 통해 팀플레이의 중요성을 알게 되고, 자신이 좋아하는 취미생활을 여러 친구들과 어울려 하면 혼자 할 때보다 기쁨과 보람이 배로 늘어나요.

④ 집안일을 통해 배우는 협동심

가족 구성원으로서 집안일을 돕는 건 당연한 거지요. 그런데 그동안 부모님이 시켜서 어쩔 수 없이 한다고 생각하지는 않았나요? 집안일을 돕는 건, 어울려 사는 법을 배우는 첫 단계로 꼭 필요한 과정이랍니다. 대청소를 할 때 내가 쓰레기통을 비우면 부모님은 다른 일을 하실 수 있어요. 그럼 청소도 빨리 끝나고 서로 기분 좋게 일을 할 수 있을 거예요.

인 / 물 / 탐 / 구

MC 강호동
나만의 개성으로 최고가 되다

　1990년대 씨름판을 평정한 천하장사 강호동. 그는 어느 날 씨름계를 떠나 코미디언이 되기로 결심했습니다. '씨름선수가 다른 사람들을 웃길 수 있을까?' 하고 걱정했지만, 자신의 재능을 믿고 자신감 하나로 연예계에 발을 디뎠어요.

　한 코미디 프로그램에서 "행님아~."를 외치며 촐랑대는 그를 보고 사람들은 씨름선수였지만 코미디언으로서 자질이 충분하다고 인정했어요. 하지만 이때까지만 해도 사람들은 그가 최고의 방송 MC로 성공하리라고 상상하지 못했습니다.

　정확하고 유창한 말솜씨로 프로그램을 매끄럽게 진행하고 출연자들의 역할을 최대한 끌어내야 하는 기존의 MC들에 비해 강호동은 부족한 게 많았어요. 말솜씨가 유창하지도 않았고, 강한 억양의 경상도 사투리에, 씨름선수 특유

의 공격적인 말투까지 갖고 있었죠. 하지만 그는 최고의 MC가 되기 위해서 자신의 약점을 장점으로 만들기로 했습니다.

MC의 여왕이라 불리는 미국의 '오프라 윈프리 쇼'를 몇 번이고 반복해 보면서, 출연자의 속마음과 방송의 재미를 어떻게 이끌어 내는지 철저히 분석하고 연구했어요. 또한 스포츠선수 특유의 끈기와 성실함을 내세웠죠. 열심히 방송대본을 외우고, 자신만의 스타일로 말투를 바꿔보고, 평소에 좋은 글을 발견하거나 아이디어가 떠오르면 기억해 뒀다가 프로그램에 응용했어요.

그의 노력과 자신감은 자신이 진행하는 프로그램이 많아지면서 빛을 발했어요. 하지만 그는 언제나 겸손함을 잃지 않으려 애썼어요. 백상예술대상 TV부문 대상을 수상한 후에도 우쭐해하지 않았지요.

"상을 타고 나서 자만심에 빠지지 않으려 노력했어요. 자만심에 빠지면 대상 수상이 재앙이 될 수 있으니까요."

Future
Self-Confidence

Self-Co

Self-Confidence

#4

미래의 자신감 키우기

030 희망 _ 사막을 건너는 지혜
031 성공 _ 행운은 만들어가는 것
032 재능 _ 한쪽 문이 닫히면 다른 쪽 문이 열린다
033 시간 관리 _ 하루 10분 더 투자하라
034 열정 _ 불가능, 그것은 아무것도 아니다
035 호기심 _ 엉뚱한 상상력에 날개를 달자
036 도전 _ 도전을 즐겨라
037 꿈의 씨앗 _ 꿈과 목표의 차이
인물탐구 _ 피겨스케이팅 선수 김연아〉 끝없는 자기와의 싸움

희망
사막을 건너는 지혜

사실 물통에는 물 대신 모래가 담겨져 있었어요. 물이 있을 거라는 강한 믿음이 대원들을 죽음의 사막에서 구해낸 거예요.

탐험대원들이 고대 유적지를 찾아 나섰습니다. 유적지에 가려면 끝도 없이 펼쳐져 있는 사막을 건너야 했어요. 메마른 사막에서 대원들을 반기는 것은 뜨거운 태양과 모래가 전부였어요.

며칠째 계속된 행군으로 대원들은 지쳤고, 게다가 마실 물도 거의 떨어졌어요. 물은 사막을 지나가는 데 없어서는 안 될 필수품인데 말이에요. 그러자 대원들은 이대로 죽는 건 아닌지 두려움에 떨면서 자신들이 사막을 건너는 목적도 희망도 잃어버렸습니다.

이를 본 대장이 큰소리로 외쳤습니다.

"여기 이 물통에 마지막 물이 남아 있다! 하지만 이 사막을 넘기 전까지는 누구도 마실 수 없다."

물이 있다는 말에 대원들은 힘이 생겼어요.

"그래, 이 고비만 넘기면 우리는 물도 마실 수 있고, 유적지도 발견할 수 있을 거야!"

마침내 탐험대원들은 모든 어려움을 이겨내고 고대 유적지를 발견했어요. 죽음의 절망에서 살아난 그들은 기쁨의 눈물을 흘렸어요.

사실 물통에는 물 대신 모래가 담겨 있었어요. 물이 있을 거라는 강한 믿음이 대원들을 죽음의 사막에서 구해낸 거예요.

찰랑 찰랑

여기 이 물통에 마지막 물이 남아 있다! 하지만 이 사막을 넘기 전까지는 누구도 마실 수 없다!

조금만 힘을 내는 거다! 그럼 물 줄게!

사막을 건너는 지혜

희망은 꿈이기도 하고 목표이기도 해요. 그래서 살아갈 이유를 주지요. 탐험대원들이 물도 없고 나무도 없는 모래사막을 건널 수 있었던 것은 이 사막만 건너면 물을 마실 수 있다는 희망 때문이었어요. 이렇게 희망은 죽음도 이겨낼 수 있는 힘을 준답니다.

지금 여러분이 사막을 건너는 것처럼 힘들고 어려운 일이 있나요? 희망을 가져보세요. 활기가 퐁퐁 샘솟을 거예요.

① 마음의 지도를 그려봐

내가 희망하는 목표를 마음속에 그려보세요. 마음속의 그림이 선명할수록 희망에 도달할 수 있는 길을 잘 찾을 수 있어요.

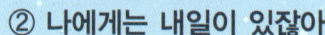

② 나에게는 내일이 있잖아

내일이 있다는 것은 비록 오늘은 실패했지만 내일은 성공할 것이라는 희망을 의미합니다. 지금 실패했다고 해서 슬퍼하거나 주저앉지 마세요. 포기하지 않으면 해낼 수 있는 기회가 꼭 온답니다. 넘어졌다고 울기보다는 다시 일어서서 내일을 향해 달리는 거예요.

③ 목표를 열 번 이상 말하자

내가 달성하고자 하는 목표를 종이에 적어 여러 곳에 붙여놓고, 볼 때마다 큰소리로 읽는 거예요. 적어도 매일 열 번 이상은 읽어야 해요. 반복해서 읽다보면 해내고 말겠다는 의지가 더욱 강해진답니다.

031

성공
행운은 만들어가는 것

철수는 '네잎클로버를 찾았으니 이제부터 넌 성공할 거야.' 라는 영희의 말 때문에 잠을 줄여가며 공부하고 또 공부했습니다.

철수와 영희가 시험을 앞두고 행운을 가져다준다는 네잎클로버를 찾고 있었어요. 하지만 네잎클로버를 찾기란 쉽지 않았어요. 둘 다 지쳐갈 즈음 철수가 외쳤어요.

"찾았다!"

철수의 왼손에는 네잎클로버가 들려 있었어요. 영희는 철수가 부러웠어요.

"철수야, 넌 정말 좋겠다. 네잎클로버를 찾았으니 시험도 잘 볼 거고 이제 모든 게 잘될 거야."

정말 네잎클로버 때문이었을까요? 이후 철수는 성적이 꾸준히 올랐고 남들이 부러워하는 명문대학을 졸

좋아! 내게 행운이 왔다는걸 꼭 보여주겠어!

좋겠다. 시험도 잘 보고 이제 모든 게 잘될 거야.

부러워

업해 대학 교수가 됐어요. 그 모습을 보며 영희는 그때 철수가 네잎클로버를 찾았기 때문에 성공했다고 말했어요.

하지만 철수의 생각은 달랐어요. 철수는 '네잎클로버를 찾았으니 이제부터 넌 성공할 거야.'라는 영희의 말 때문에 잠을 줄여가며 공부하고 또 공부했습니다.

"내게 행운이 왔다는 걸 꼭 증명해 보이겠어."

결국 철수에게 성공을 가져다준 것은 네잎클로버가 아니라 행운을 가져다줄 거라는 믿음을 실현하기 위한 노력이었어요.

행운은 만들어가는 것

행운이란 무엇일까요? 나는 아무것도 하지 않았는데 저절로 일이 잘되는 것이 행운일까요? 그렇게만 된다면 얼마나 좋겠어요?
하지만 그런 일은 절대 일어나지 않아요. 아무런 노력도 하지 않고 행운을 기다리는 사람은 세상에서 제일 어리석은 사람이죠.
행운은 부지런히 노력하는 사람을 찾아간답니다. 지금의 내 노력이 언젠가는 커다란 성공으로 돌아오는 것, 그게 바로 행운이에요.

① 뜻밖의 행운을 바라지 말자

피아노를 잘 치려면 열심히 연습해야 하고 시험을 잘 보려면 공부를 열심히 해야 해요. 시험 전날 공부는 안 하고 내일 시험에서 운으로만 성적이 좋게 나오기를 바라는 건 실패를 부르는 지름길이랍니다. 이런 사람은 자신에 대한 믿음이 부족하기 때문에 그래요. 자신감이 있는 사람은 행운을 바랄 시간에 열심히 연습하고 노력한답니다.

② 자신과 경쟁하기

'저애는 어떻게 달리기를 잘하지?', '저애는 어떻게 만들기를 잘하지?' 친구들이 나보다 어떤 일을 잘한다면 타고난 재능도 있겠지만 더 큰 이유는 나보다 많이 달리고, 많이 만들어봤기 때문이에요. 부럽다면 나도 노력하는 거예요. 친구를 이기겠다는 마음보다는 나도 잘해보겠다는 마음을 가지고 연습해 봐요. 자신감은 남을 시기하고 경쟁하는 게 아니라 포기하고 싶은 내 마음을 이기는 거니까요.

③ 징크스를 물리치자

'나는 운이 좋을 거야.'라는 믿음은 자신감을 주지만, '시험볼 때 머리를 감으면 운이 안 좋아. 양말을 왼쪽부터 신으면 경기에서 질 거야.'라는 마음은 불안감만 준답니다. 마음이 불안하면 잘할 수 있는 일도 실수를 하게 돼요. 사물이나 어떤 행동을 '운이 좋다, 안 좋다'로 연결 짓지 마세요. 성공은 노력으로 얻어지는 것이니까요.

> 시험볼 때 머리를 감으면 운이 안 좋아.

> 그 머리는 한 달 전부터 안 감은 것 같은데…

032

재능
한쪽 문이 닫히면
다른 쪽 문이 열린다

형의 제안에 어리둥절했지만 류승범은 형을 믿고 처음으로 연기에 도전했어요. 그런데 신기하게도 연기를 하면 할수록 연기의 매력에 빠지는 거예요.

개성있는 외모와 탄탄한 연기력으로 인기를 끌고 있는 배우 류승범. 사람들은 그에게 타고난 연기자라고 말하지만 사실 류승범의 원래 꿈은 클럽 DJ였어요. 춤과 음악이 좋아 지하철 대합실에서 춤을 추고 클럽 DJ가 되기 위해 고등학교도 자퇴할 정도였지요.

하지만 그의 열망과 달리 음악활동이 잘 안 되자 그는 깊은 절망감에 빠져 집 안에만 틀어박혀 지냈어요. 당시 영화감독이었던 형은 꿈을 잃고 방황하는 동생에게 뜻밖의 제안을 했어요. 자신의 영화에 출연하지 않겠냐는 것이었어요.

"형, 난 연기를 배운 적도 없고 내가 연기하는 것을 상상해 본 적도 없는데 어떻게 연기를 하라는 거야?"

형의 제안에 어리둥절했지만 류승범은 형을 믿고 처음으로 연기에 도전했어요. 그런데 신기하게도 연기를 하면 할수록 연기의 매력에 빠지는 거예요.

"연기하는 게 이렇게 즐겁다니……. 나에게 이런 재능이 있었구나."

한 편의 영화로 류승범은 신인상을 수상했고, 그 후 여러 작품을 통해 인정받는 배우가 되었어요. 만약 그때 형이 손을 내밀지 않았다면 류승범은 자신에게 또 다른 재능이 있다는 걸 알지 못했을 것이고, 우리는 배우 류승범을 만나지 못했을지도 몰라요.

한쪽 문이 닫히면 다른 쪽 문이 열린다

우리는 커서 어떤 사람이 될까요? 나의 꿈은 이루어질까요?

아직은 아무것도 알 수 없어요. 하지만 중요한 것은 꿈이 좌절됐다고 해서 금세 포기하거나 슬퍼하지 않는 것이에요.

체조 선수를 꿈꿨지만 세계 최고의 장대높이뛰기 선수가 된 이신바예바 선수나 클럽 DJ가 되고 싶었지만 배우가 된 류승범처럼 처음 생각했던 것이 유일한 답은 아니니까요. 우리 안에는 무한한 가능성이 자라고 있고 우리가 생각하는 것에 따라 꿈은 여러 개가 될 수 있답니다.

① 꿈을 향한 신념을 갖자

신념이란 결과에 대한 확신을 말해요. '내가 커서 발레리나가 될 수 있을까?' 하고 의심하는 친구보다는 '나는 커서 꼭 발레리나가 될 거야.' 라고 믿는 친구가 성공할 수 있어요. 꿈은 얼마든지 꾸어도 좋고 또 많이 바뀌어도 괜찮아요. 여러분의 가능성은 끝이 없으니까요. 다만 언제나 자신의 꿈에 대한 신념은 잊지 마세요.

② 모르는 것은 배우면 돼

모르는 걸 모른다고 하는 건 부끄러운 게 아니에요. 모르는 걸 아는 척하는 게 더 부끄러운 거예요. 알고자 하는 마음, 모르는 걸 물어볼 수 있는 용기가 있어야 더 발전할 수 있어요.

③ 개성있는 내가 되자

21세기의 경쟁력은 창의력이라고 해요. 남들과 같은 모습을 하고, 같은 유행어를 흉내 내고, 같은 생각을 가져서는 창의적인 사람이 될 수 없습니다. 나만의 개성이 있는 친구들은 사람들 눈에 띄게 되지요. 남들과 달리 튄다는 것은 자신감의 표현이랍니다.

033

시간 관리
하루 10분 더 투자하라

10분은 그리 긴 시간은 아니었지만, 하루가 모여 한 달이 되고, 그게 또 모여 반년이 되니 10분은 결코 적은 시간이 아니었어요.

    가필드의 친구 중에 수학을 잘하는 친구가 있었어요. 무슨 일이든 지기 싫어하는 가필드는 그 친구를 이기기 위해 이번에는 수학을 집중적으로 공부했어요. 그러나 아무리 노력해도 그 친구를 이길 수가 없는 거예요.

    어느 날 밤, 공부를 마치고 불을 끈 가필드는 건너편 친구의 방에 불이 켜져 있는 걸 보았어요. 얼마나 늦게까지 공부를 하는지 확인하기 위해 가필드는 친구의 방을 지켜보았어요. 10분쯤 후 친구의 방에 불이 꺼지는 걸 보고 가필드는 무언가 깨달았다는 듯이 무릎을 쳤어요.

    "그랬었구나. 10분이 나를 뒤지게 만들었구나."

다음 날부터 가필드는 그 친구보다 10분 더 수학공부를 했어요. 10분은 그리 긴 시간이 아니었지만, 하루가 모여 한 달이 되고, 그게 또 모여 반년이 되니 10분은 결코 적은 시간이 아니었어요. 가필드는 결국 수학을 잘하는 친구를 이길 수 있었어요. 그리고 변호사가 되고, 미국의 대통령이 될 수 있었습니다.

가필드의 '10분 더'라는 다짐 속에는 누군가에게 지기 싫다는 오기만이 있었던 건 아니에요. 남보다 더 소중히 10분을 활용할 줄 아는 현명함이 있었던 거예요.

하루 10분 더 투자하라

여러분은 시간의 중요성을 얼마나 알고 있나요? 우리가 하는 모든 일들은 시간 속에서 이루어집니다. 시간에 맞춰 학교에 가고, 시간에 맞춰 밥을 먹고, 시간을 정해 친구를 만나잖아요. 만약 하루가 내 뜻대로 흐르지 않고 시간만 낭비하는 것 같다면 내가 시간의 가치를 모르거나 이루고 싶은 목표가 없기 때문이에요. 시간은 24시간, 누구에게나 똑같이 주어지지만 어떻게 관리하느냐에 따라서 우리의 인생이 달라진답니다.

① 일의 우선순위를 정해야 해

내가 해야 할 일들 중에서 우선순위를 정하세요. 먼저 일의 목록을 정리하고 가장 중요한 일, 급히 해야 할 일, 시간이 오래 걸리는 일 등으로 나누는 거예요. 순서를 정해서 제일 중요하고 급한 일부터 해나가면 시간을 낭비하지 않고 일을 다 끝마칠 수 있어요.

② 가장 집중이 잘되는 시간 찾기

사람마다 집중이 잘되는 시간이 있어요. 어떤 사람은 아침에 집중이 잘되고 어떤 사람은 저녁에 집중이 잘된다고 해요.

나는 언제 가장 공부가 잘되고 집중이 잘되는지 관심을 가져봐요. 가장 집중이 잘되는 시간을 찾으면 적은 시간으로 최대 효과를 낼 수 있어요.

③ **책상을 정리정돈하는 습관**

만들기를 하다가 풀을 찾는데 어디에 두었는지 모르겠어요. 풀을 찾느라 시간을 다 보내고 다시 만들기에 집중하는데 이번에는 색종이가 부족해요. 책상 어디에서 본 것 같은데 막상 찾으려고 하니까 이번에도 보이지가 않네요. 허둥지둥하며 시간을 낭비하다보니 짜증도 나요. 책상 정리정돈만 잘해도 필요한 물건을 빠르고 쉽게 찾을 수 있어요. 그러면 시간도 절약하고 짜증날 일도 없겠지요?

034

열정
불가능, 그것은 아무것도 아니다

우뜨는 불가능하다는 모두의 예상을 깨고 프랑스 비보이 챔피언이 되었습니다. 열정이 있다면 세상에 못 넘을 산이 없고, 못 건널 바다는 없어요.

프랑스에 사는 8살 우뜨는 뼈에 암이 생겨 왼쪽 다리를 잘라내게 됐어요. 하루 아침에 다리 하나가 없어졌다는 사실을 받아들이기란 무척 힘든 일이었죠.

'한 쪽 다리만으로 어떻게 살아갈까, 이대로 죽는 건 아닐까.'
우뜨는 두려움 속에서 눈물로 밤을 지새웠어요. 가족들의 보살핌 속에서 암은 완쾌되었지만 정신적인 충격은 어린 우뜨를 여전히 괴롭혔어요.

그러던 어느 날 친구를 따라 학교에 가게 된 우뜨는 우연히 춤을 추는 비보이들을 보고 춤의 매력에 빠졌어요. 두 다리를 이용해 현란한 스텝을 선보이는 비보이들이 우뜨에게는 부러움의 대상일 뿐이었어요. 그러나 저들처럼 춤을 추고 싶다는 열망이 우뜨의 생각을 바꾸게 했어요.

"그래. 나에게는 섹시한 오른쪽 다리가 있잖아. 이 다리로 최고의 비보이가 되는 거야."

우뜨는 오른쪽 다리와 왼쪽 다리를 대신하고 있는 목발을 이용해 자신만의 댄스를 만들었어요. 수없이 넘어지고, 목발을 짚는 팔에 무리가 오는 등 이루 말할 수 없을 정도로 고통스러웠지만 춤을 향한 우뜨의 열정은 커져만 갔어요.

그로부터 6년 후, 우뜨는 불가능하다는 모두의 예상을 깨고 프랑스 비보이 챔피언이 되었습니다. 열정이 있다면 세상에 못 넘을 산이 없고, 못 건널 바다는 없어요. 우뜨처럼 말이에요.

불가능, 그것은 아무것도 아니다

베켄바우어의 명언에 따르면 '천재는 노력하는 자를 이길 수 없고, 노력하는 자는 즐기는 자를 이길 수 없다.'고 해요. 내가 정말 원하는 걸 이루기 위해서는 즐기는 마음, 뜨거운 열정이 필요해요. 열정은 비바람이 몰아치고 천둥번개가 쳐도 지치지 않고 늘 온 힘을 다하게 하죠. 열정이 있다면 이루지 못할 일은 없답니다.

① 내가 좋아하는 것 파고들기

우뜨가 비보이 챔피언이 될 수 있었던 것은 춤을 향한 그의 열정 때문이에요. 내가 좋아하는 것을 찾아냈다면 깊게 파고들어요. 평소에 잠이 많아서 별명이 잠꾸러기인 친구가 자신이 좋아하는 만화를 그릴 때에는 피곤한 기색이 없이 즐겁게 밤을 꼬박 샐 수 있는 것도 같은 이유랍니다. 모두 열정이 만들어 낸 마법이죠.

② 필요한 기술을 익혀라

어릴 때 골목대장이었던 사람이 커서 권투부에 들어갔어요. 주먹으로 싸우는 것은 자신 있었기 때문에 자신만만하게 링에 올랐어요. 하지만 그는 상대방에게 K.O를 당하고 말았어요. 마음만 앞설 뿐 실제 권투에 필요한 기술은 몰랐기 때문에 질 수밖에 없었던 거죠. 열의만으로 뛰어드는 것은 어둠 속을 달리는 것과 같답니다.

의욕만으로는 안 된다는 거야.

③ 가능성을 믿어라

열정이 있는 사람은 내가 할 수 없는 10가지 이유보다 내가 할 수 있는 1가지 이유만을 생각합니다. 모두가 불가능하다고 해도 내가 할 수 있다는 가능성이 단 1%만이라도 있다면 포기하지 않고, 그 1%를 20%, 50%, 100%가 될 수 있도록 해내고 만답니다. 안 된다고 미리 겁먹고 물러서지 말고 여러분의 가능성을 믿으세요.

호기심
엉뚱한 상상력에 날개를 달자

공상과학 소설을 좋아하던 베르베르는 어린 시절부터 무척 엉뚱했습니다. 주위 사람들은 베르베르가 쓸데 없이 호기심만 많고 공상만 한다고 걱정했어요.

　공상과학 소설을 좋아하던 베르베르는 어린 시절부터 무척 엉뚱했습니다. 그의 머릿속에는 책에서 읽은 우주인과 바다 속 탐험으로 가득 차 있었어요. 주위 사람들은 베르베르가 쓸데 없이 호기심만 많고 공상만 한다고 걱정했어요.

　어느 날 베르베르는 할아버지 댁 뜰에서 놀다가 우연히 개미 도시를 발견했어요. 개미들은 각자 역할을 나눠 먹이를 나르고 알을 돌보고 있었어요. 개미들의 조직생활을 본 그는 그동안 함부로 죽였던 개미라는 존재가 무척 신선하고 재미있게 느껴졌지요.

　"작은 개미 입장에서 바라본 인간 세상은 어떤 모습일까?"

　엉뚱한 상상에 빠진 베르베르는 자신의 상상을 글로 써보기로 했어요. 본격적인 작업을 위해 열일곱 살 때는 아예 2천 마리의 개미가 사는 가로 100cm, 세로 60cm 크기의 개미 어항을 만들어서 책상 위에 놓고 관찰했어요. 그렇게 해서 소설 '개미'가 완성됐고, 베르베르는 전 세계적인 베스트셀러 작가가 됐습니다.

어느 누구도 주목하지 않았던 어린 베르베르의 엉뚱한 호기심. 성공을 이끄는 힘은 이렇게 사소한 호기심에서 출발한답니다.

엉뚱한 상상력에 날개를 달자

우리가 수업을 들을 때 관심이 없는 것을 배울 때는 지루하고 따분해서 무엇을 배웠는지 기억이 안 날 때가 많아요. 하지만 호기심과 상상력을 이용하면 지루한 수업도 즐거워질 수 있고 머릿속에 쏙쏙 들어오게 되죠.

지금 무얼 생각하나요? 생각만이 아닌 실현 될 수 있는 방법을 상상하고 실험하다 보면 창의력을 돕는 EQ 즉, 감성지수가 발달한답니다.

① 관찰하고 메모하라

가방이나 주머니에 작은 메모지와 펜을 넣고 다니세요. 주변에 관심을 갖고 항상 관찰하는 자세로 궁금한 게 생기거나 좋은 아이디어가 떠오르면 바로 메모하는 거예요. 사람은 모든 걸 기억할 수 없기 때문에 메모는 이런 단점을 보완해 줍니다.

② 도서관에 가자

도서관에는 수많은 종류의 책이 있기 때문에 다양한 간접 경험과 지식을 쌓기에 아주 좋은 장소예요. 작가가 상세하게 묘사해 놓은 글을 통해 한번도 본 적 없는 세상을 상상하는 것은 무척 신나고 흥분되는 일이죠. 또한 궁금했던 질문의 답도 찾을 수 있어요.

③ 마술을 배우거나 그림을 그려봐

동전이 눈앞에서 사라지고 손수건이 꽃으로 변하는 마술은 사람을 즐겁게 하고, 남들에게 보여주고 싶은 자신감을 갖게 해주지요. 또한 내가 느끼고 배운 것을 그림으로 표현해 보세요. 못 그려도 좋아요. 네모난 도화지에 내가 상상한 세상을 스케치하고 다양한 색깔을 이용해 화려하게 색칠하세요. 그동안 창의력은 쑥쑥 자란답니다.

도전
도전을 즐겨라

자신을 새롭게 하기 위해 걸어서 국토를 순례하는 국토대장정에 참여하기로 했어요. 무리가 아닐까 걱정이 됐지만 종민이는 도전해 보기로 했어요.

무슨 일이든 끝까지 하지 못하고 중도에 그만두는 종민이. 몸짱이 되겠다며 샀던 쌍절곤에는 먼지가 쌓이고, 생활계획표도 3일을 넘기지 못하고 무용지물이 되기 일쑤입니다.

종민이도 그런 자신이 싫었어요. 그래서 자신을 새롭게 하기 위해 걸어서 국토를 순례하는 국토대장정에 참여하기로 했어요. 무리가 아닐까 걱정이 됐지만 종민이는 도전해 보기로 했어요.

국토대장정은 땅끝마을 해남부터 시작됐습니다. 처음에는 걸을 만했지만 시간이 갈수록 푹푹 찌는 여름 날씨와 끝도 없이 이어지는 행군은 종민이를 지치게 했어요. 급기야 발에서는 물집이 터지고 상처가 나 발을 디딜 때마다 극심한 통증이 밀려왔어요. 부모님이 옆에 계셨다면 당장 치료해 주셨을 거란 생각에 눈물도 났어요.

하지만 포기하고 싶을 때마다 종민이는 이를 악물었어요.

"여기에서 포기할 수는 없어. 난 더 이상 의지가 약한 아이가 아니야. 끝까지 해낼 거야."

마침내 20일간의 국토대장정이 끝이 났어요. 서울에 도착하자 종민이는 그동안 고생했던 기억과 해냈다는 기쁨에 눈물이 왈칵 쏟아졌어요.

"내가 그동안 힘들다고 투정부렸던 일들은 정말 아무것도 아니었어. 이렇게 힘든 일도 해낼 수 있는데 말이야."

이때부터 종민이는 달라졌습니다. 여름방학 때 국토대장정 경험을 떠올리며 무슨 일이든 적극적으로 대했어요. 어느새 종민이의 자신감은 훌쩍 자라 있었습니다.

도전을 즐겨라

아무것도 하지 않는다면 실패도 하지 않을 거예요. 그러나 도전하지 않고서는 작은 성공도 기대할 수 없답니다. 감나무에 열린 감을 따기 위해서는 떨어질 때까지 기다릴 게 아니라 나무에 올라가거나 도구를 이용해 감을 따야 하듯이 일단 시작해 보는 거예요. 도전은 새로운 나를 발견하게 하고 보다 나은 모습으로 발전시킵니다.

① 끊임없이 부딪혀라

시련은 우리를 단단하게 만든답니다. 장애물이 있다고 포기하지 말고 끊임없이 부딪히는 도전정신을 가지세요. 한 방울씩 바위로 떨어지는 물방울은 처음에는 아무 힘도 없어 보이지만 결국 바위에 깊은 구멍을 뚫어내고 말지요.

② 추진력을 길러라

추진력은 밀고 나가는 힘을 말해요. '칼을 뽑았으면 무라도 베어야지.'라는 말처럼 한번 하기로 마음먹었으면 끝까지 해내는 추진력이 필요해요. 하루, 이틀 뒤로 미루거나 머뭇거리지 말고 '네가 이기나, 내가 이기나 한번 해보자.'하는 마음으로 끝까지 해보세요. 분명히 결과에 만족할 거예요.

③ 많은 곳을 여행하라

우물 안에서만 사는 개구리는 지금 보이는 우물 위 하늘이 세상의 전부라고 생각해요. 하지만 개구리가 우물 밖으로 나올 용기를 가졌다면 자기가 얼마나 좁은 곳에서 살았고, 세상에는 하늘뿐만 아니라 땅도 있고, 수많은 개구리와 꽃, 나무가 있다는 것도 알았겠지요. 많은 곳을 여행하다보면 넓은 세상을 알 수 있어요. 단, 여행할 때는 꼭 보호자와 함께 다녀야 해요. 여행이 힘들다면 간접 경험을 할 수 있는 독서도 세상을 알아가는 좋은 방법이랍니다.

꿈의 씨앗
꿈과 목표의 차이

하늘이는 꿈을 이루기 위해 목표를 세우고 도전하지만, 바다는 꿈만 꿀 뿐 어떤 노력도 하지 않았어요. 행동이 따르지 않는 장래희망은 그냥 희망사항일 뿐이랍니다.

하늘이와 바다는 둘도 없는 단짝입니다. 단짝이라서 그런지 좋아하는 음식도 같고, 노는 것도 좋아해 학교 성적이 늘 꼴찌인 것도 똑같아요. 최근에는 대한민국 최초의 우주인에 대한 뉴스를 보고 장래희망도 같아졌어요.

"커서 우주비행사가 되면 진짜 멋질 것 같아."

"맞아. 어쩌면 우주에서 우주 괴물을 만나게 될지도 몰라. 재미있겠는걸?"

그런데 꿈을 대하는 태도는 서로 달랐어요. 하늘이는 부모님께 우주비행사가 되기 위해서는 어떻게 해야 하느냐고 여쭈었어요. 부모님께서는 일단 건강해야 하고 학업 성적도 좋아야 한다고 하셨죠.

하늘이는 방 안에 우주선 포스터를 붙여놓고 운동과 공부 계획을 세웠어요. 공부는 워낙 기초가 부족해서 걱정이 됐지만 꾸준히 노력하면 언젠가 반에서 10등 안에 들 수 있을 거라 믿었어요.

한편 바다도 방 안에 우주선 포스터를 붙여놓고 우주인이 되는 꿈을 꾸었어요. 하지만 더 이상 어떤 계획도 세우지 않고 잠만 잘 뿐이었어요.

그렇다면 이 두 사람 중 누가 우주비행사가 될 수 있을까요?

당연히 하늘이에요. 하늘이는 꿈을 이루기 위해 목표를 세우고 도전하지만, 바다는 꿈만 꿀 뿐 어떤 노력도 하지 않았어요. 행동이 따르지 않는 장래희망은 그냥 희망사항일 뿐이랍니다.

꿈과 목표의 차이

꿈은 무엇이고, 목표는 무엇일까요? 꿈과 목표는 비슷해 보이지만 분명 다르답니다.

꿈은 우리가 소망하는 바람이고 목표는 꿈을 이루기 위한 구체적인 목적이에요. 어떻게 이뤄내겠다는 목표를 세우지 않으면 그 꿈은 언제나 하늘의 별처럼 멀기만 할 거예요. 여러분이 지금 소망하는 꿈이 있다면 이제부터 목표를 세우는 훈련을 하세요. 꿈에 한 발자국 더 가까워질 테니까요.

① **나의 사명 선언문 작성**

나의 꿈은 무엇이고, 왜 이루고 싶고, 어떤 각오인지 자신의 사명을 글로 작성하세요. 그리고 가족들 앞에서 선언식을 갖는 거예요. 선언식을 통해 확실한 목표의식을 가질 수 있고 가족들도 꿈을 이룰 수 있도록 협조해 줄 거예요.

② **목표를 구체적으로 나눠라**

해내지도 못할 무리한 계획은 부담만 되고 포기하기 쉬워요. 내가 할 수 있는 목표를 단기, 중기, 장기로 나누세요. 기타리스트가 되고 싶다면 기타 살 돈을 모으는 게 단기 목표가 되고 기타를 배우는 게 중기 목표가 되겠죠. 장기 목표는 기타리스트를 뽑는 밴드의 오디션을 보는 거예요. 이렇게 현재 내 위치에서 실현가능한 목표를 세우고 하나하나 실천하는 거예요.

③ 더 큰 목표를 정해라

목표를 너무 작게 세우면 하고자 하는 의욕을 떨어뜨려요. 며칠 연습하면 쉽게 오를 수 있는 산보다 시간은 걸려도 더 높이 올라갈 수 있는 산을 목표로 정하세요. 어렵게 이룬 목표일수록 성취감과 자신감이 훨씬 크답니다.

인 / 물 / 탐 / 구

피겨스케이팅 선수 김연아
끝없는 자기와의 싸움

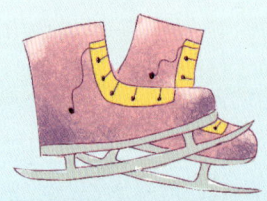

대한민국 피겨스케이팅의 꽃, 김연아 선수. 전 세계 사람들이 지켜보는 가운데 경기를 한다는 것은 무척 긴장되는 일입니다. 실수는 바로 감점으로 이어지고, 자칫 잘못했다가는 큰 부상으로 이어질 수 있으니까요. 엄청난 부담감 속에도 김연아 선수는 자신감으로 승부합니다. 그 비결은 무엇일까요?

김연아는 스케이팅을 하면서 자주 넘어지는 선수 중 한 명이었어요. 고난이도의 동작을 완성하려다보니 점프할 때 자주 넘어질 수밖에 없었지요. 게다가 밥먹고 잠자는 시간 외에는 모두 스케이팅 훈련을 해야 했어요. 연일 계속되는 강행군에 몸도 마음도 지치고, 다른 친구들처럼 놀러 다니고 싶고, 피곤할 때 푹 쉬고 싶을 때도 많았어요.

하지만 세계 최고의 피겨스케이팅 선수가 되겠다는 목표를 향해 김연아는 모든 유혹을 뿌리쳤어요. 특히 뛰어난 기량의 선수들과의 경쟁에서 이기려면 두둑하게 배짱을 키워야 했지요.

"저는 경기를 위한 완벽한 준비와 제 연기에 대한 확신이 있어요. 그게 제가 떨지 않고 스케이팅을 할 수 있는 비결이에요."

무대에서 두려움을 없애는 것, 그 답은 끊임없는 연습이었어요.

그 결과 김연아는 그랑프리 파이널 우승에 이어 2009년 세계피겨선수권대회에서 허리 부상이라는 악조건을 딛고 프리스케이팅부문 1위를 차지했어요. 어린 나이에도 불구하고 당차게 세계를 휘어잡은 그녀에게 국민들은 큰 감동을 받았습니다.

"자신과의 싸움에서 이겨야 해요. 누가 도와주는 것도 아니고 결국에는 저 혼자 해내야 하는 거니까요."

2015년 12월 15일 2판 1쇄 발행
2017년 11월 20일 2판 4쇄 발행

지은이 | 최지희
그린이 | 이유철
발행인 | 김경석
펴낸곳 | 아이앤북
편집자 | 우안숙
디자인 | 김희영 장지윤
마케팅 | 남상희
주　소 | 서울시 성동구 천호대로 424
연락처 | 02-2248-1555
팩　스 | 02-2243-3433
등　록 | 제4-449호

ISBN 979-11-5792-049-5 74370
ISBN 979-11-5792-097-6 (세트)

이 책에 실린 모든 내용, 디자인, 이미지, 편집 구성의 저작권은 아이앤북과 지은이에게 있습니다.
http://blog.naver.com/iandbook 아이앤북은 '나와 책' '아이와 책'이라는 뜻을 가지고 있습니다.

이 도서의 국립중앙도서관 출판시도서목록(CIP)은 e-CIP 홈페이지 (http://www.nl.go.kr/ecip)
에서 이용하실 수 있습니다. (CIP 제어번호 : CIP2017001210)